VOCÊ
UM LÍDER
EXPONENCIAL

VOCÊ
UM LÍDER
EXPONENCIAL

- Inovador
- Tecnológico
- Humanitário
- Futurista

Seja o líder que o mundo precisa: inovador e com foco em desenvolver pessoas

CARLOS COUTINHO
Autor de *A Tríade da Competência* e *Resiliência Ágil*

ALTA BOOKS
GRUPO EDITORIAL
Rio de Janeiro, 2023

Você Um Líder Exponencial

Copyright © 2023 Alta Books.
Alta Books é uma empresa do Grupo Editorial Alta Books (STARLIN ALTA EDITORA E CONSULTORIA LTDA.)
Copyright © 2023 Carlos Coutinho.
ISBN: 978-85-508-2146-7

Impresso no Brasil — 1ª Edição, 2023 — Edição revisada conforme o Acordo Ortográfico da Língua Portuguesa de 2009.

Dados Internacionais de Catalogação na Publicação (CIP) de acordo com ISBD

C871v   Coutinho, Carlos

Você Um Líder Exponencial: Seja o líder que o mundo precisa: inovador e com foco em desenvolver pessoas / Carlos Coutinho. - Rio de Janeiro : Alta Books, 2023.
208 p. ; 15,7cm x 23cm.

Inclui bibliografia e índice.
ISBN: 978-85-508-2146-7

1. Administração. 2. Liderança. I. Título.

2023-1518   CDD 658.4092
                 CDU 65.012.41

Elaborado por Vagner Rodolfo da Silva - CRB-8/9410

Índice para catálogo sistemático:
1. Administração: Liderança 658.4092
2. Administração: Liderança 65.012.41

Todos os direitos estão reservados e protegidos por Lei. Nenhuma parte deste livro, sem autorização prévia por escrito da editora, poderá ser reproduzida ou transmitida. A violação dos Direitos Autorais é crime estabelecido na Lei nº 9.610/98 e com punição de acordo com o artigo 184 do Código Penal.

O conteúdo desta obra fora formulado exclusivamente pelo(s) autor(es).

Marcas Registradas: Todos os termos mencionados e reconhecidos como Marca Registrada e/ou Comercial são de responsabilidade de seus proprietários. A editora informa não estar associada a nenhum produto e/ou fornecedor apresentado no livro.

Material de apoio e erratas: Se parte integrante da obra e/ou por real necessidade, no site da editora o leitor encontrará os materiais de apoio (download), errata e/ou quaisquer outros conteúdos aplicáveis à obra. Acesse o site www.altabooks.com.br e procure pelo título do livro desejado para ter acesso ao conteúdo..

Suporte Técnico: A obra é comercializada na forma em que está, sem direito a suporte técnico ou orientação pessoal/exclusiva ao leitor.

A editora não se responsabiliza pela manutenção, atualização e idioma dos sites, programas, materiais complementares ou similares referidos pelos autores nesta obra.

Grupo Editorial Alta Books

Produção Editorial: Grupo Editorial Alta Books
Diretor Editorial: Anderson Vieira
Editor da Obra: J.A Ruggeri
Vendas Governamentais: Cristiane Mutüs
Gerência Comercial: Claudio Lima
Gerência Marketing: Andréa Guatiello

Assistente Editorial: Ana Clara Tambasco
Revisão: Carolina Rodrigues; Thamiris Leiroza
Diagramação: Joyce Matos
Capa: Lorrahn Candido

Rua Viúva Cláudio, 291 — Bairro Industrial do Jacaré
CEP: 20.970-031 — Rio de Janeiro (RJ)
Tels.: (21) 3278-8069 / 3278-8419
www.altabooks.com.br — altabooks@altabooks.com.br
Ouvidoria: ouvidoria@altabooks.com.br

Editora afiliada à:

Dedico este trabalho à minha esposa Claudia, aos meus filhos Larissa e Lucas pelo constante carinho, e à minha mãe Maria da Glória por suas fraternas orações.

Sobre o Autor

CARLOS COUTINHO FERNANDES JÚNIOR TEM 25 ANOS DE EXPERIÊNcia na área de Gestão de Processos no agronegócio, petroquímica e serviços, no Brasil e em outros países. Executivo da área de Gestão e Inovação, além de doutor em Engenharia pela Universidade Federal de Santa Catarina, possui MBA em Gestão Empresarial pela Unicamp. É professor convidado dos cursos de pós-graduação da Escola Politécnica da PUC-PR, ligados à manufatura e indústria 4.0. Mas, acima de tudo, é um pesquisador apaixonado pelos temas liderança e tendências do futuro. É também autor dos livros *A Tríade da Competência* e *Resiliência Ágil*, ambos pela Editora Alta Books.

Agradecimentos

AGRADEÇO PRIMEIRAMENTE A DEUS, POR TODA PROTEÇÃO, CRENÇA de fé, por me fazer acreditar em dias melhores e em um mundo mais humanizado e justo; à minha esposa e aos meus filhos, pelo incondicional carinho e compreensão; aos queridos leitores, que são uma grande fonte de inspiração para eu continuar criando conteúdos que ajudem a gerar reflexões importantes para despertar o gatilho interior que cada um precisa para fazer a sua mudança desejada; às pessoas que me ajudaram a dar mais significado a esta obra, contribuindo com opiniões e ideias para fazer um livro de fato útil, simples e direto; à editora Alta Books por acreditar no meu trabalho e possibilitar esta parceria; e, por fim, àquelas pessoas que, em algum momento, interpretei que não me ajudaram tanto ao longo de minha vida, mas que me fizeram pensar e aumentar cada vez mais minha empatia pelo próximo.

Sumário

Prefácio — xiii

Sobre este Livro — xvii

PARTE I: Entendendo o propósito da transformação — 1

DEGRAU 1: O mundo exponencial e BANI — 3

DEGRAU 2: A nova liderança precisa convergir para as tendências dos negócios mundiais — 19

DEGRAU 3: Os inimigos da liderança moderna: saiba identificá-los — 35

PARTE II: Adaptando-se e construindo a transformação　　55

DEGRAU 4: O profissional que sabe se adaptar ao trabalho híbrido　　57

DEGRAU 5: Construindo uma rede de colaboração sem proporções　　75

DEGRAU 6: Inteligência emocional — Não surte! Entenda a base que o sustenta para enfrentar esse mundo BANI　　103

DEGRAU 7: Exploda a curva de aprendizado para o infinito!　　131

PARTE III: Ação e velocidade exponencial　　153

DEGRAU 8: A transição para a liderança exponencial　　155

DEGRAU 9: Raio-X final — uma avaliação e pílulas de reforço　　173

Minhas considerações finais　　181

Referências bibliográficas　　183

Índice　　185

Prefácio

Os novos tempos exigem líderes altamente preparados. Por essa razão, costumo dizer que o mundo precisa cada vez mais de líderes nexialistas. O que é ser um nexialista? Um nexialista[1] é alguém treinado em diversos assuntos, que é capaz de ver as conexões entre as diferentes disciplinas, é hábil na resolução de conflitos e possui uma capacidade extraordinária de levar as pessoas a resolver problemas complexos e trabalhar em conjunto para o bem comum.

Embora ele também possa ser, por si mesmo, uma autoridade em determinada área, o nexialista é treinado em estudos interdisciplinares e tem as competências necessárias para reunir especialistas e facilitar a comunicação entre eles. Desse modo, sua atuação é fundamental como um "construtor de pontes", para que esses especialistas trabalhem juntos de uma forma verdadeiramente eficaz.

---

1 De acordo com A. E. Van Vogt, escritor canadense que inventou esse termo.

Um bom exemplo do que é ser um líder nexialista foi Steve Jobs. Conforme retratado em um filme sobre sua vida, Jobs certa vez foi confrontado por um de seus programadores, que lhe disse que ele era alguém que não sabia programar computadores, não sabia fazer o design dos produtos, não era capaz de martelar um simples prego. E Steve respondeu algo como: "Sim, você está correto. Mas o que eu sei fazer muito bem é orquestrar minha equipe." A visão nexialista de Steve Jobs lhe permitia enxergar o todo de uma maneira que podia conduzir sua equipe com maestria para os objetivos traçados.

O líder do futuro é aquele que, além de ser um nexialista, tem a habilidade específica de instrumentar seu time. Ele sabe quem contratará, como engajar as pessoas, como motivar, inspirar e provocar seus colaboradores. Reunir essas características e as fazer valer em um mundo em constante e em rápida transformação como temos hoje, e teremos cada vez mais daqui para frente, é uma qualidade própria de um líder especial.

Sabendo disso, Carlos Coutinho defende o papel do líder exponencial como um agente de soluções na liderança moderna. O novo líder, por definição, que será capaz de fazer frente aos diversos desafios de um mundo ágil.

Em *Você, Um Líder Exponencial,* Coutinho contextualiza o mundo dos negócios atual em que vivemos, aponta a necessidade de moldar a nova liderança para as tendências mundiais e estimula a transformação plena e a mutação constante das lideranças para fazer frente ao novo mercado consumidor.

Nesta obra, o autor trata da adaptação e da transformação das lideranças rumo a uma liderança exponencial — aquela liderança que constrói a potência de sua equipe diante de um mundo híbrido e digital, edifica e organiza uma poderosa rede interna de colaboração e estrutura uma base de inteligência emocional, pautada em aprendizagem contínua, no mindset de crescimento e na liderança ágil e servidora.

Você perceberá, neste livro, a modificação de conceitos clássicos e estabelecidos de liderança ao se ajustarem a um novo mindset ágil de liderança. Descobrirá uma nova visão de como construir e manter sua liderança crescente e capaz de engajar e desenvolver pessoas, além de gerar resultados excepcionais. Se lançará em uma curva exponencial de aprendizado, que o levará rumo à liderança exponencial.

Com o conteúdo que Carlos Coutinho traz neste livro, todo líder pode se habilitar a exercer o papel do líder moderno, desempenhado em cima de três pilares fundamentais: motivação, inspiração e provocação de sua equipe, de forma que a leve cada vez mais a se tornar um time melhor.

Na companhia deste material em mãos, todo líder saberá como identificar e combater os inimigos da liderança moderna, além de se libertar de estereótipos que ainda habitam nas organizações, como a autocracia, a comunicação ineficaz e a falta de feedback.

A realidade empresarial precisa cada vez mais convergir para as novas tendências dos negócios mundiais. Portanto, as empresas precisam de lideranças que correspondam a essa demanda. É hora de os líderes se prepararem para assumir o posto de líderes exponenciais, a fim de cumprirem o seu papel neste novo mundo ativo, que se transforma a cada dia.

Você que é líder, ou que pretenda vir a sê-lo, não deixe passar a oportunidade de se tornar um dos grandes condutores das mudanças que já chegaram e que ainda estão por vir. Aproveite muito bem esta leitura. Ela lhe gerará dividendos preciosos.

Um grande abraço,
Edgar Ueda

VOCÊ, UM LÍDER EXPONENCIAL!

Edgar Ueda é fundador da Neximob — empresa de inteligência imobiliária. É palestrante e escritor best-seller, com cinco livros publicados. Residiu por 9 anos no Japão e atua há mais de 25 anos no empreendedorismo, sendo 11 anos no mercado imobiliário. Possui a maior licenciadora do setor imobiliário, presente em 19 estados e mais de 50 cidades, com mais de 5.700 bilhões em VGV e 62 empreendimentos lançados. É sócio-fundador do Instituto Êxito e idealizador do maior evento de inteligência imobiliária do país. Acompanhe-o nas redes sociais: @edgaruedaoficial e **www.neximob.com.br**.

Sobre este Livro

BEM-VINDO À JORNADA PARA CONSTRUÇÃO DE SUA LIDERANÇA A UM nível exponencial; um conceito muito atual que busca se conectar com o desafio do líder nesse mundo em plena transformação, que exigirá de você algumas habilidades acima da média que tinha antes.

Tais competências são classificadas no conceito da liderança exponencial em quatro pilares fundamentais: futurista, inovador, tecnológico e humanitário. Esses fundamentos eu abordarei mais em detalhes, mas o que posso já lhe adiantar é que apesar desses cenários tão mutantes, que chamamos de mundo BANI (acrônimo do inglês e que traduzido seria "frágil, ansioso, não linear e incompreensível"), a palavra *equilíbrio* será muito importante.

O líder que quer de fato crescer de forma exponencial (ou seja, acima da média normal, crescer várias vezes) deverá desenvolver capacidades tanto técnicas como emocionais. Você como líder terá que buscar a habilidade de fazer uma leitura mais ampla de cenários, antecipando e experimentando caminhos alternativos que lhe proporcione diferenciais competitivos em relação a seus concorrentes. Aliado a isso, você precisa estar muito conectado com o avanço tecnológico e com as inovações, que são os principais canais de mudança nesse mundo de negócios tão globalizado e conectado.

Por outro lado, nunca foi tão importante a sua constância emocional e potência para desenvolver e engajar pessoas. O futuro, apesar da alta tecnologia crescente, ainda será conduzido por pessoas cada vez mais capacitadas e aptas para se moldar a essa nova rampa no mundo dos negócios e na vida pessoal e social.

Abordarei também os desafios que a pandemia nos trouxe, como, por exemplo, trabalhar com equipes a distância sem deixar cair a produtividade e acelerar a formação de equipes tendo como aliada a transformação digital. Um ponto central de minha abordagem será algo muito presente hoje no momento pós-pandemia: o trade off felicidade versus sucesso, combinando carreira versus vida pessoal. Um conteúdo direto de fácil leitura, muito focado nessa intensa alteração do mercado de negócios e na sua melhoria como pessoa e profissional.

COMO ESTE LIVRO ESTÁ ORGANIZADO

Para você ter uma visão mais ampla de como este livro está organizado, farei um resumo dos capítulos e como eles se conectam. Na verdade, não chamarei de capítulo, e sim de **degrau**, simbolizando a jornada rumo à liderança exponencial. Começo com a Parte I do livro, distribuída em três degraus, que contextualizará o mundo de negócios atual: O mundo BANI em que vivemos, a necessidade de conectar a sua liderança, o seu modo de atuar, as tendências de negócios mundiais como, por exemplo, o ESG, a transformação digital plena, o avanço importante da aceitação da diversidade, entre outros temas. Também abordo o quanto é importante o líder se libertar de estereótipos que ainda habitam as organizações, como a autocracia, a comunicação ineficaz e a falta de feedback entre equipes.

Na Parte II, tratarei com você como iniciar essa adaptação e transformação da liderança exponencial, contando com quatro degraus poderosos:

- ✓ Como você, líder, traciona potência de equipe com o mundo híbrido e digital e quais ferramentas você tem a seu dispor para conduzir essa grande transformação da jornada de trabalho.
- ✓ Como construir uma gigante rede colaborativa interna e externa para a sua organização, buscando se adaptar ao que se chama hoje de economia colaborativa. Além de abordar uma visão inicial de como usar a metodologia OKR para engajar seu time no atingimento de metas e objetivos comum a todos.
- ✓ Como manter uma base de inteligência emocional, pautada em aprendizagem contínua, mindset de crescimento, com base em uma liderança ágil e servidora voltada para formação de times de fato preparados para todo esse mundo de transformação e repleto de oportunidades.
- ✓ Como explodir a curva de aprendizado de seu time para o infinito, adotando grandes tendências de aprendizagem, como a jornada digital, o microlearning, lifelong learning e cultura maker.

A Parte III consolida o conteúdo na visão de como colocamos em prática esse novo mindset de liderança com dois pontos centrais colocados em dois degraus:

VOCÊ, UM LÍDER EXPONENCIAL!

- ✓ Uma visão de como fazer uma transição, construindo e mantendo esse *modus operandi* de liderança crescente que engaja, desenvolve e gera resultados.

- ✓ Traça-se um raio-x dessa construção da jornada de liderança exponencial: uma breve avaliação de como você está posicionado hoje, nessa rampa de crescimento exponencial.

E em todo final de cada degrau, temos as seções "O essencial desse degrau", que sintetiza o mais importante daquele tópico, e "Gatilhos para sua curva de crescimento exponencial", dando sugestões a você e o fazendo refletir como colocar em prática aquele conteúdo recém-aprendido, rumo à liderança exponencial.

Vamos juntos acelerar a sua curva exponencial de desenvolvimento e sucesso!

PARTE I

Entendendo o propósito da transformação

SEJA BEM-VINDO A ESSA JORNADA RUMO AO CONHECIMENTO E A TOmada de consciência de como essa transformação que estamos vivendo pode ser benéfica e produtiva se você aprender a decifrar continuamente como as mudanças atuais no mundo nos afetam.

Sempre afirmo que transformações não podem mais te assustar, pois são o meio natural para uma mudança de vida e aprendizado, a qual não te permitirá parar no tempo. E por falar nisso, esse tal de "tempo" insiste em voar e nos trazer muitas novidades, mas principalmente oportunidades. O desafio sempre estará na sua capacidade de se adaptar e de conectar o que você está fazendo ao seu propósito de vida, que também se altera com o passar do tempo, mas que tende a manter uma certa essência do que sempre você sonhou.

Nesta Parte I, proponho entendermos juntos essa grande espiral de mudança, discutindo suas tendências, aquelas que não têm mais volta, as que podem te impulsionar a se adaptar mais rápido e também os possíveis limitadores que podem te tirar do jogo, por questões às vezes de puro preparo emocional. Vamos agora mergulhar nos próximos três capítulos no entendimento desse mundo BANI, ao olhar com uma visão clara os seus desafios, construir um perfil indispensável para enfrentá-los e, em especial, tornar uma parte disso em oportunidade e abundância.

A palavra "desapego" aqui terá que ser internalizada como você nunca fez antes, pois será o primeiro passo para absorver nessa parte inicial as tendências intransponíveis e os comportamentos que terão que literalmente evaporar de seu perfil, para você construir sua liderança exponencial, que te levará a um patamar de fato diferenciado. Seguimos nesta Parte I com três capítulos, que aliás chamarei de degraus, uma vez que é isso que vamos fazer aqui, subir um degrau de cada vez para seguirmos firmes na construção de sua curva de crescimento exponencial.

DEGRAU 1

O mundo exponencial e BANI

Sua experiência até aqui é valiosa, mas não espere ingenuamente cenários iguais aos que você já enfrentou.

O que é o mundo BANI e como isso nos afeta

No meu último livro, *Resiliência Ágil*, iniciei abordando o tão falado e já conhecido mundo VUCA, um acrônimo que em inglês significa *volatility, uncertanitily, complexity and ambiguity*, e que traduzido para o português denota:

✓ *Volátil (Volatility):* tudo mudando muito rápido, de forma inconstante e volúvel. Essas mudanças são tão rápidas e em grande volume que se torna difícil prever os cenários seguintes, o que está por vir.

- ✓ *Incerto (Uncertain):* entender as relações de causa e efeito dos fatos de hoje é um grande desafio. Há uma imensa chance de o conhecimento atual não ser suficiente para entender as consequências futuras, pois existe uma enorme incerteza dos fatos na relação do tempo.

- ✓ *Complexo (Complexity):* a interpendência dos cenários é desmedida, e os fatores externos cada vez influenciam mais no detalhe, dentro dos ambientes internos das organizações e na sua vida pessoal. Gradativamente mais as tomadas de decisões são mais custosas de serem seguramente assertivas.

- ✓ *Ambíguo (Ambiguity)*: não há respostas absolutamente corretas ou erradas, tudo depende da combinação de fatores e cenários. Nesse mundo ambíguo, as pessoas têm que fazer escolhas com a consciência de que estão renunciando de outros pontos, que certamente terão consequências e que deverão ser assumidas como parte da decisão inicial.

Esse é um cenário que convivemos já há algum tempo e que vínhamos tentando nos adaptar e sobreviver. Nesse contexto, chega a pandemia e dá uma apimentada e bagunçada nisso tudo. Pois bem, adentremos então ao mundo BANI, um novo acrônimo bem interessante que no inglês vem de *brittle* (frágil), *anxious* (ansioso), *nonlinear* (não linear), *incomprehensible* (incompreensível). De início não é de gostar de tudo e dessa forma temos que no mínimo acelerar o entendimento e a adaptação desse novo "jeito" de tudo acontecer.

Esse termo foi criado pelo antropólogo Jamais Cascio em 2018, ou seja, um pouco antes da pandemia, mas podemos dizer que é uma atualização natural do mundo VUCA, pois conecta a nossa realidade após o início da pandemia, incluindo fatores importantes como a transformação digital, acelerada nesse período. Vamos entender um pouco mais cada parte desse poderoso acrônimo.

O MUNDO EXPONENCIAL E BANI

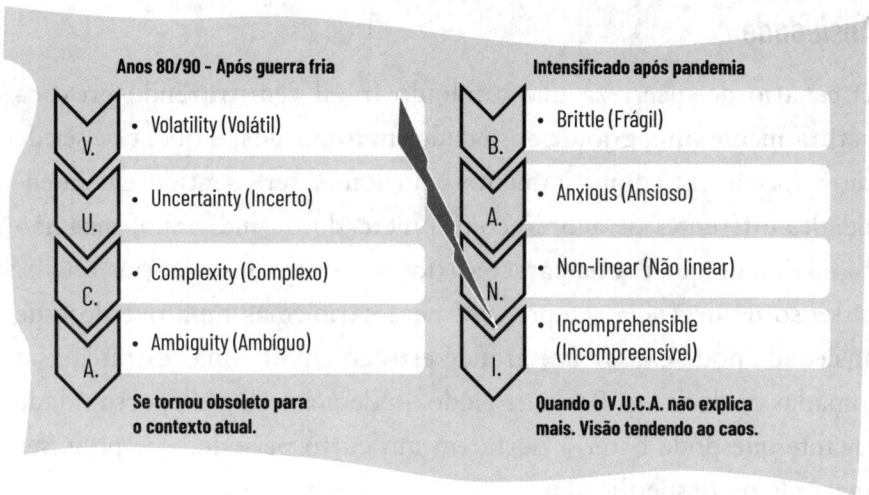

Figura 1: Paralelo entre mundo VUCA versus BANI
Fonte: Criação do autor (Elementos do Excel)

Frágil

Pense no contexto mais recente da pandemia, quando, de uma hora para outra, o mundo inteiro foi colocado em quarentena devido a um vírus com potencialidade de matar milhões de pessoas, afetando globalmente a saúde e economia do planeta. Além da pandemia, em relação à visão de frágil, é possível darmos outros exemplos, como a oscilação espantosa de alguns ativos no mercado que deixaram o recém bilionário pobre novamente. Ou um ramo de negócio tradicional contemporâneo desse "frágil" que estamos aqui falando, tipo castelo de areia ao vento. Logo, a certeza de hoje é apenas a convicção de que tudo pode virar uma incerteza amanhã.

Significado na prática: temos que pensar rápido em contingências o tempo todo, a famosa carta na manga, o plano "B", "C" e "D". Precisamos ter uma leitura da interdependência das cadeias de negócios, sempre admitindo que mesmo com baixa probabilidade, o mundo frágil está aí a nossa frente e pode mudar qualquer cenário previsível.

Ansiedade

O cenário de incerteza que o mundo frágil vem trazendo provoca naturalmente uma grande ansiedade em todos nós, e que, por ser de certa forma um comportamento emocional, será sentido em intensidades diferentes de acordo com o mercado ou indivíduo, mas não há dúvida de que é uma característica marcante nos cenários atuais. O senso de urgência sempre será necessário, mas uma overdose de ansiedade pode causar um grande estrago em algumas estratégias e tomadas de decisões. Por outro lado, podemos ter uma oportunidade gigante que pode bater à porta em um curto período, que pode ser agarrada ou desperdiçada.

Significado na prática: nesse cenário temos que nos preparar emocionalmente para trabalharmos com uma margem de erro maior, tentando não sofrer tanto a ponto de desequilibrar nossa saúde e afetar nossa longevidade. Nunca as chamadas *soft skills* foram tão importantes para nós a fim de aprendermos a manter esse mínimo de carga emocional para lidar com esse mundo ansioso, e para nossas atitudes serem naturalmente mais rápidas, mas com uma adrenalina controlada, buscando aproveitar as oportunidades.

Não linearidade

O termo por si só já nos dá uma grande pista. Os ciclos de desempenhos, índices econômicos, vão ser cada vez mais curtos, na visão do mundo frágil, onde imprevisíveis quedas ou ascensões abruptas poderão ocorrer.

Tais diversas eventualidades simultâneas interligadas não dependem jamais de uma só variável, gerando como consequência um mundo não linear, onde não temos controle.

Significado na prática: longos planejamentos perdem sentido no mundo BANI Você deve ter um preparo mínimo para reagir a comportamentos completamente fora do esperado, como um gigante ponto fora da curva, por exemplo, uma demanda absurda que quebre sua cadeia de suprimentos ou uma parada abrupta que congela seus estoques.

Incompreensível

Em um primeiro momento pode parecer surreal conviver e se adaptar a algo que é incompreensível. A verdade é que buscamos a todo tempo respostas para tudo que nos cerca, com base nas diversas informações que recebemos, e analisar todos os dados o tempo todo pode se tornar caótico. Isso é visto pela simples questão que alguns fatos vão mudar instantaneamente, mas que nesse momento para aquela situação talvez seja mais coerente e prático que eles sejam mantidos como incompreensíveis, ao invés de querer insistir neles para entendê-los a qualquer custo.

Significado na prática: são muitas as mudanças, e o avanço tecnológico também é muito rápido, o que contribui para reduzir o nosso nível de compreensão em temas que eram de mais fácil domínio. O mundo conectado que nos traz novas informações em milissegundos pode nos proporcionar algumas janelas de incompreensão.

Se você ficou assustado, não é para tanto. Volto a falar aqui da palavra "desapego", ou seja, deixe de lado modelos preconcebidos e ligados ao *status quo* que historicamente você se acostumou como pessoa e profissional. Na sequência, trarei mais detalhes de como acompanhamos essa curva exponencial de mudanças e de muitas oportunidades.

O mundo frágil e com mudanças testando ainda mais nossa adaptação em reagir rápido

Buscando fazer um paralelo entre os conceitos VUCA e BANI, o próprio autor, Cascio, cita que esta segunda seria uma estrutura que busca articular as situações em que a volatilidade ou complexidade já não dão mais a velocidade necessária para entender os cenários que estão se modificando. Na verdade, o BANI surge quando o VUCA entra em colapso, seus cenários literalmente "explodem" na linha da fragilidade, não linearidade e incompreensão de alguns acontecimentos que passam a ser enquadrados numa visão de *caos completo*.

Então como lidar com essa situação é uma questão de sobrevivência que te direcionará também a um patamar de poder visualizar oportunidades de forma antecipada. Só em você já ter uma consciência de que grande parte dos contextos em que você estará inserido ocorrerá no modo BANI, já é um grande passo, que te permitirá agir de forma diferente, pois muitas vezes são nossas crenças imutáveis que nos paralisam (lembre-se do tal desapego).

Neste ponto é importante destacar uma tendência crucial daqui para frente, devido a esse mundo cronicamente frágil e ansioso, a tecnologia e o preparo emocional nunca precisaram tanto estar alinhados e em equilíbrio. A tecnologia nos ajudará a trabalhar as informações com o objetivo de nos dar a organização e lógica para conectar à grande nuvem de dados que temos, pois acabou aquela história poética do bom estagiário que na hora crítica organiza a planilha de dados para você, uma vez que a complexidade e volume de informações estão em um nível praticamente impossível de renunciar a um sistema de gestão e processamento digital.

Assim, aliado à tecnologia, há o seu preparo emocional para processar, reagir e tomar decisões num período curto, tornando-se seu *modus operandi* natural daqui para frente, que deverá ser essencial.

Ou seja, você deve estar tecnologicamente atualizado para absorver essa nova nuvem de informações e mentalmente preparado para lidar com todo esse processo de fragilidade dos cenários que geram muita tensão e ansiedade.

A visão inicial de antifrágil

Vamos voltar agora para o mundo frágil, que é em essencial a forma como os sistemas e relações de negócios estão se transformando, sendo influenciados a todo momento por multivariáveis, externas e internas ao nosso meio, e muitas vezes fora de nosso controle. Quero te provocar no seguinte, já que esse cenário é inevitável, como seria um comportamento ou modo de agir que te ajudasse a prever antecipadamente certos cenários frágeis ou pelo menos mitigar parte de seus efeitos? Seria a visão ou comportamento "antifrágil".

Para não deixar dúvida, vamos resgatar o significado clássico de frágil, que seria algo que possa quebrar ou se deformar com mais facilidade, quando comparado a outros itens. Ao fazer uma analogia então ao oposto, antifrágil seria algo que pode ser até melhorado quando exposto a uma situação de tensão inesperada. Dessa forma, uma das grandes características do comportamento antifrágil seria a superação das dificuldades não só por simples reação, mas por aceitação (sem ser resignado), absorvendo de forma flexível e admitindo que aquele "novo desafio" pode se tornar o vigente modelo dos fatos se apresentarem.

Quando usamos a palavra flexível, estamos falando sobre se adaptar à nova situação sem sofrer o maior ônus, que seria a fragilização emocional. Ao irmos nessa linha, sugiro a você que o comportamento antifrágil seja uma forma de autodefesa e de aprendizado possível de construir, uma autocrítica mais robusta para que não acentue o seu processo de autovitimização e isenção de responsabilidade frente a pessoas e fatos. Nesse sentido, você se torna mais adaptável com um ego mais maleável e preparado para perceber rapidamente as oportunidades de aprendizado no momento de diversidades.

Esse interessante e moderno conceito de comportamento antifrágil tem como um dos principais difusores Nassim Nicholas Taleb, um dos maiores especialistas do mundo em mercado financeiro (ambiente onde é comum grandes cenários de instabilidades), autor de diversos livros, entre eles *A Lógica do Cisne Negro* e *Antifrágil: Coisas que beneficiam o caos*. O autor cita que significativos acontecimentos que são difíceis de serem previstos e trazem grandes reflexos no mercado e nas organizações são denominados de "cisnes negros". Já no best-seller *Antifrágil*, Nassim explica que o caos pode ter aspectos positivos. Ele relata a antifragilidade como o oposto da fragilidade, e que no comportamento antifrágil você aprende com as mudanças, o que te leva à melhoria de suas aptidões e habilidades. O autor completa que a característica da antifragilidade te coloca em um patamar acima da robustez e da resiliência, pois o que é resistente sofre um impacto e volta ao que era antes; já o antifrágil tende a ficar melhor que antes. A Figura 2 facilita a compreensão disso. Assim, o que é antifrágil se beneficia da aleatoriedade, incerteza e variação, o que normalmente são evitados num *modus operandi* do mundo conhecido e confortável.

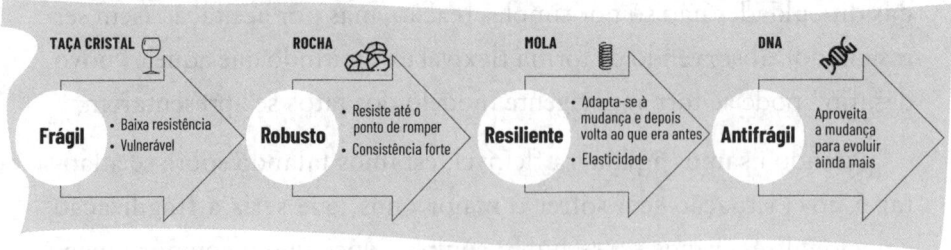

Figura 2: O conceito de antifrágil
Fonte: Criação do autor (Elementos do Office)

E no ambiente corporativo, podemos ter um modelo antifrágil? Certamente que sim, pois é uma abordagem que traz respostas para contextos habituais de desafio no mundo corporativo e que pode ajudar na tomada de decisões. Para ficar mais claro, cito aqui algumas atitudes que podemos buscar para desenvolver um comportamento antifrágil:

- ✓ Trabalhe muito seu autoconhecimento e seus limites emocionais, em especial a tolerância em resistir a momentos de tensão, por exemplo, os provocados por longos períodos de incerteza.
- ✓ Se a ansiedade é inevitável, tente buscar o lado positivo disso, transformando em atitude e energia para aprender e experimentar, sem perder o senso lógico dos fatos e informações.
- ✓ Aceite a incerteza como o procedimento natural do mundo e utilize esse cenário para tentar sempre usar a criatividade com sua equipe para pensarem no maior número de soluções alternativas para determinado desafio.
- ✓ Não adie por muito tempo a resolução de problemas ou tomada de decisões por hesitar correr riscos. Lembre-se de que no mundo frágil não há uma lógica de esperar para ver se o cenário melhorará, e sim experimentar rápido de forma controlada para ver se você vai adiante ou não.

O comportamento antifrágil é bem amplo e complexo, mas podemos aprender a desenvolvê-lo de forma cadenciada e contínua, absorvendo nosso aprendizado com cada desafio vivido em vários aspectos de nossa vida, como profissional e pessoal. Ele é importante para compor o perfil da liderança exponencial, que será descrito na sequência.

O ponto mais importante que a visão antifrágil nos traz é que devemos encarar de frente as adversidades. O ato de apenas adiar situações difíceis não direciona para a solução. Sem os elementos de aleatoriedade, possível desordem, perigo, tensão e incerteza, não é possível desenvolver nosso lado antifrágil, que nos tornará mais fortes. A exposição às incertezas é o que te fará encontrar utilidade neste conceito. Devo alertar que nessa questão de enfrentar o caos, é preciso responsabilidade e autoconsciência. Só haverá resultado positivo se vier acompanhada da consciência de seus limites e restrições. A sua maturidade virá a partir desse equilíbrio entre desafio e consciência de limites.

O perfil da liderança exponencial

Os perfis profissionais tendem a evoluir naturalmente conforme as mudanças dos cenários do mundo, pois são moldados para acompanhar a necessidade das transformações organizacionais, pois esses sistemas são regidos por pessoas, líderes que precisam se adaptar a essas necessidades e assumir o controle e protagonismo dessas transformações. Então é obvio que toda essa visão BANI, que abordamos aqui, direciona para uma mudança do perfil de liderança que regerá o presente e futuro que hoje praticamente já se confundem, pois essa perspectiva de distância entre eles ficou extremamente relativa frente à velocidade exponencial de transição dos cenários.

Desse modo, abordarei aqui mais sobre esse perfil e seus principais pilares, que serão uma base para todo conteúdo que desenvolverei com você. O conceito de liderança exponencial é na verdade uma teoria criada por Lisa Kay Solomon, autora e líder de pensamento em inovação e design muito conhecida. Ela destaca que esse novo perfil de líder tem como base quatro pilares: futurista, inovador, tecnológico e humanitário. Eu detalharei cada um deles aqui. Solomon também completa que essas são as habilidades críticas que os líderes precisam dominar para se adaptar com sucesso nesse mundo de contínua e rápida transformação. E não seria apenas para gerar vantagens estratégicas para as organizações que representam, mas em especial para ser protagonista em construir um futuro com inclusão, equidade e abundância.

Na sequência, detalho aqui esses quatro pilares do perfil da liderança exponencial.

O futurista

Essa é uma habilidade não muito simples de se definir, pois quando se fala em antecipar o futuro, existe a tendência de se prever circunstâncias novas com base nos dados de hoje ou no histórico passado, e o mundo BANI está aí para nos apontar que histórico não garante um caminho seguro, dado que as variáveis não lineares podem quebrar toda uma sequência documentada.

Sendo assim, o líder com habilidade futurista deve ter a prática constante de questionar o estado atual das coisas, mas sempre conectado a uma amplitude relacionada ao seu negócio, focando sempre variáveis internas e externas ao seu domínio, isto é, sempre fazendo um exercício constante de aumentar sua visão sistêmica e ampliando a varredura dos fatos, o contrário da visão míope que não se olha para todas as dimensões como tecnológica, econômica-social e ambiental.

Nesse ponto, segundo a autora, algumas perguntas-chave podem te direcionar nessa busca incansável de antecipar o futuro e se beneficiar disso como vantagem competitiva:

- ✓ Que futuro parece possível? É viável desdobrar em cenários múltiplos para se entender melhor os caminhos realizáveis?
- ✓ Que futuro parece factível e provável? Dentro das possibilidades desdobradas, podemos quantificar de alguma forma a chance desses cenários acontecerem?
- ✓ Que futuro me beneficia? Qual cenário seria o ideal, o mais favorável, e seria possível induzi-lo de alguma forma?

Você pode até pensar que ter uma bola de cristal seria mais fácil, mas pense no poderoso exercício de desenvolver esse modelo mental de análise. E lembrando que essas perguntas poderosas podem te sugerir a antecipação de uma atitude diferencial de fazer pequenos experimentos para testar essas hipóteses e seguir em frente ou descartar esse cenário.

O inovador

Essa característica pode parecer à primeira vista não ser nenhuma novidade nos dias de hoje onde já se vivencia muitas ondas de inovação, principalmente após a pandemia. Mas o que falo aqui é sobre ter uma postura, um modelo mental de constante visão inovadora, em especial àquela voltada para o cliente, quando falamos de algum modelo de negócio.

Dentro da linha que citei da habilidade futurista (lembre-se de que essas habilidades tendem a estar conectadas entre si), há um mindset inovador que está acima de tudo muito aberto à experimentação constante, explorando novas possibilidades, não só ligados à tecnologia, mas também a novos métodos de trabalho, compartilhamento de informações, serviços e produtos disruptivos, quebrando paradigmas. Aqui a visão de criatividade também deve ser incorporada no sentido de ter a mente aberta para testar novas soluções.

O tecnológico

Essa habilidade também a princípio parece ser algo natural quando falamos de liderança do futuro e ao presumirmos que esse líder deve estar plenamente conectado às tecnologias que podem acelerar suas estratégias de negócio, além de ser um diferencial competitivo, mas atualmente as tecnologias se multiplicam de forma muito rápida, sejam para novos produtos ou digitalização de serviços.

Aqui o grande ponto é o quanto devemos ser seletivos na escolha da tecnologia que de fato alavanque nosso resultado, pensando em custo-benefício ou alto investimento para trazer um resultado ainda maior? Isso não é simples, pois envolve não só investimento, mas também mudança de cultura, capacitação, construção de novos perfis de equipe e muito planejamento e tempo dedicado para patrocinar e desenvolver essas tecnologias, já que às vezes esperá-las amadurecer não será um diferencial competitivo para você e seu negócio.

O humanitário

Nunca estivemos tanto na era do trabalho facilitado pela tecnologia ao nosso dispor, permitindo ainda mais o compartilhamento rápido de informações, que favorece mais um trabalho colaborativo integrando mais as pessoas, estimulando-as a serem multitask para acelerar resultados etc. Acontece que a tecnologia não faz isso sozinha, nesse sentido, nunca foi tão importante o líder ser preparado nas soft skills, em especial nas habilidades de se comunicar, transmitir um propósito comum e saber entender alguma necessidade imediata de algum colaborador (empatia) para trazê-lo rapidamente para o jogo.

O líder que não está pensando só no fim, mas, em especial, construindo um ambiente de trabalho colaborativo e de significância para a vida das pessoas que ali estão e favorável ao aprendizado contínuo, será aquele que terá como consequência resultados consistentes. Essa característica humanitária o faz também pensar cada vez mais em relações "ganha-ganha" para a organização, time e sociedade. Está soando meio poético, certo? Porém, é exatamente dessa maneira que as organizações, para continuarem a crescer de forma exponencial, necessitarão pensar de modo coletivo, sobretudo em relação ao uso dos recursos escassos em nosso planeta, numa equação de sobrevivência. E esse será um dos papéis desse grande líder do futuro.

Quero, por fim, reforçar a visão de que essas quatro habilidades estão muito conectadas, diria até entrelaçadas, para formar o que seria um DNA do líder exponencial. Essa foi uma introdução sobre o perfil do líder exponencial, mas não se preocupe pois no Degrau 8 iremos desdobrar melhor esses pilares aqui citados.

Você, acelerando a sua curva exponencial

Ao fim de todo degrau, teremos esta finalização com "Você, acelerando a sua curva exponencial". Sempre uma síntese do capítulo direcionada a ajudar você a embarcar nessa curva de liderança exponencial e achar o seu caminho, que seja executável para começar a fazer hoje.

O essencial desse degrau:

✓ **Desapego:** é uma palavra poderosa agora; use sua experiência sempre, mas não espere ingenuamente cenários iguais aos que você já enfrentou.

✓ **Antifrágil:** a ruptura aqui é transpor um desafio e voltar melhor do que antes.

✓ **Tecnologia:** veio para melhorar sua vida, mas ainda é você o núcleo transformador do resultado.

✓ **Ansiedade:** é como um remédio, na dose certa pode ser modificada em atitude para buscar novos resultados; em altas doses, só te matará. Fique alerta.

Gatilhos para sua curva de crescimento exponencial

Antifrágil: comece hoje adotando as seguintes atitudes:

1. Se programe sempre para fazer a pergunta diária: *O que aprendi hoje no pior momento do dia?* Anote e internalize.
2. Se algo está muito dentro do esperado, desconfie, revise sua avaliação.
3. Use a ansiedade a seu favor e não contra você, ativando-a para ser um gatilho de motivação e capacidade de superação.
4. Seja criativo e cuidadoso para obter múltiplas respostas do mesmo problema. Tenha o plano A, B, C e assim por diante.
5. A mudança tem que ser sua companheira constante, provoque situações que gerem mudanças diárias em sua vida. Reduza o medo delas. Treino cotidiano torna o jogo fácil.

Líder exponencial

Que tal já começar a fazer duas a três ações para cada pilar do perfil do líder exponencial? Vamos lá, comece agora! Se necessário volte ao texto e consulte cada pilar. Coloque ações simples, de curto prazo, e execute-as com vigor.

Pilar	Ação
Futurista	
Inovador	
Tecnológico	
Humanitário	

DEGRAU 2

A nova liderança precisa convergir para as tendências dos negócios mundiais

O perfil comportamental de liderança sempre será pautado e acelerado pelas grandes necessidades da humanidade. Fique sempre atento às mudanças essenciais.

Dedicarei este capítulo para falar sobre algumas macrotendências atuais ligadas essencialmente a negócios, cultura e estilo de vida, que em especial se acentuaram durante e após a pandemia do Coronavírus iniciada em 2020, sendo de extrema relevância para nossa abordagem. Tais macrotendências são um método que não mudará, e acredito que o que será diferente e crescente nelas é a rampa de velocidade com que essas transformações vão acontecer. Pode ser que daqui a algum tempo essas disposições não façam mais sentido, mas nesse momento é importante fazer essa conexão de tendência versus perfil de liderança.

O grande foco no pilar ESG

Para começar, vamos resgatar o significado da sigla ESG. É uma sigla de origem em inglês: *environmental* (ambiental), *social* (social) e *governance* (governança). Aqui no Brasil você pode ouvir uma tradução da sigla mais literal como ASG. Tem saído de cena o termo sustentabilidade e entrado o ESG, que essencialmente se refere ao modo como empresas e organizações estão lidando com sua responsabilidade social e ambiental de forma sustentável. A seguir o resumo do significado de cada item para você entender a potência do todo:

- ✓ **Environmental ou ambiental:** refere-se às atividades da organização relacionadas ao tema do meio ambiente, tendo como principais pautas a quantidade de emissão de gases que poluem, principalmente o carbono e metano, o controle de poluição da água e do desmatamento e a gestão de resíduos.

- ✓ **Social ou responsabilidade social:** trata-se dos temas ligados aos direitos humanos, diversidade de uma forma ampla, investimento social e relacionamento com a comunidade.

- ✓ **Governance ou governança:** diz respeito a como fazer a gestão do pilar ambiental e social, orientando como deve gerir, fiscalizar e reportar as práticas, que seriam as políticas, processos administrativos de empresa, suas obrigações com a lei e com a comunidade. Aqui entram inúmeros itens como práticas anticorrupção, direito de consumidores, transparência de dados, relação com fornecedores, investidores e alguns outros.

Um ponto de destaque seria que o ESG foi muito mais além da sigla, tornando-se nos últimos tempos o retrato do perfil socioambiental das empresas. Vê-se isso ao ponto de impactar no valor das empresas no mercado, onde aquelas com desempenho superior em áreas ambientais, sociais e de governança tendem a apresentar margens de valorização mais altas, se comparadas àquelas que não têm clareza em incorporar o escopo ESG em suas estratégias de negócios.

Entidades de renome como a Global Network of Director Institutes (GNDI) e a Consultoria Mckinsey têm feito pesquisas recentes onde mais de 80% dos entrevistados nos papéis de conselheiros, líderes executivos e profissionais do mercado de investimentos acreditam que no médio e longo prazo (máximo 5 anos) os programas de ESG contribuam de forma significativa com o aumento de valor para os acionistas. Ou seja, essa importância das práticas do ESG já é algo incorporado no mindset das grandes lideranças, dando clareza de que será cada vez mais necessário para as organizações se comprometerem publicamente com seus consumidores, fornecedores e comunidades, em relação a questões de sustentabilidade, ética e diversidade, a ponto de serem alvo de sanções por parte desses grupos caso não tenham um posicionamento limpo em relação a esses temas.

Ter uma estratégia sustentável ligada ao uso de recursos naturais pensando no bem-estar da sociedade, sem deixar de pensar no lucro, é um desafio das empresas que já entenderam o quanto é importante aumentar o grau de engajamento no ESG.

Startups como extensão das organizações de modelos tradicionais

Pensando na linha do que falei no Degrau 1, nas habilidades tecnológicas e inovadoras, o grande desafio das empresas é: *Como dar tração em iniciativas de inovação pensando num viés futuro de diferencial competitivo, mas sem tirar o foco de seu "core business" e sem onerar muito seu custo interno com grandes estruturas?*

A princípio, o mundo próspero e aparentemente veloz das startups parece um ótimo caminho. Algumas empresas iniciaram programas de inovação aberta para captar e desenvolver boas ideias, algumas até de forma mais intensa criando áreas de relacionamento para fomentar tal novidade, os chamados hubs de inovação. Mas na maior parte das iniciativas, a melhor maneira de trabalhar com esse modelo de empresa ainda não foi consolidada, não sendo nem considerada dentro da estratégia da companhia no sentido de modernizar seus processos e produtos, e sim uma iniciativa isolada e casual.

O grande desafio das empresas é desenvolver um molde de governança que proporcione uma relação inicial de ganha-ganha com as startups, pois em um primeiro momento são tipos de negócios completamente diferentes, mas que podem se complementar:

- ✓ *Startups:* tem microtamanho, com pouca estrutura, mas com um capital intelectual altamente especializado em relação a uma possível demanda da empresa-cliente. Contudo, tem pouco fôlego financeiro para sustentar longos períodos de testes e pilotos sem um aporte por parte da empresa-cliente. Por outro lado, tem uma grande flexibilidade de dedicar seus recursos para acelerar o processo de desenvolvimento.

- ✓ *Empresa:* estrutura robusta e cultura bem definida (que pode ser um dificultador para essa parceria), que em geral terá dificuldades de incorporar de imediato novos recursos diretos para desenvolver internamente novas tecnologias, em especial por não ter o capital humano especializado necessário para isso. Como ponto positivo, tende a ter uma condição com o objetivo de dar um incentivo financeiro para desenvolver, com um parceiro especializado, de acordo com a importância estratégica do tema.

Desse modo, esses dois mundos diferentes precisam se conectar, pois a premissa é que um precisa do outro. Ambas (startup e empresa) têm objetivos comuns, sobretudo em gerar valor para seus clientes e crescer em função disso. Só que seus ritmos são bem diferentes, e por isso cada parte precisa buscar seu equilíbrio. Não adianta a startup ter uma boa ideia e não achar um apoiador interessado com recurso para desenvolver. Do outro lado, para as grandes organizações se tornou essencial buscar soluções inovadoras com viés competitivo que viabilizem redução de custo, aumento de receita e blindagem de riscos como obsolescência tecnológica ou não atendimento de requisitos do novo cliente que cada vez mais muda seu perfil.

A receita está longe de ser simples, mas é nesse contexto que entra o líder de visão exponencial que deve desenvolver essa equação de equilíbrio, criando pilotos assertivos que além de gerar resultado, ajudam a construir um modelo de trabalho entre startup e organização, sustentáveis ao ponto de ser considerada na estratégia como acelerador competitivo.

Vamos definir aqui um pequeno resumo, citando os principais aprendizados que as grandes empresas podem buscar com as startups:

- ✓ Escalabilidade, buscar o crescimento exponencial da empresa sem crescer na mesma proporção a estrutura.
- ✓ O mundo ágil da experimentação: longos processos de experimentação trocados por experimentos menores que já te entregue um M.V.P. (que chamamos de mínimo produto viável), uma versão inicial do produto ainda em desenvolvimento, mas que permite que se possa coletar com esforço mínimo de agregação de custo informações sobre como seus clientes reagiram

àquela versão, sendo possível validar a hipótese de continuar ou não naquela linha de pensamento para o produto.

✓ Com posse do feedback dos clientes, coletados a partir do M.V.P., a solução final tem chance de evoluir mais rápido e já mais direcionado para atingir os requisitos desejados. Ou seja, o verdadeiro sentido de trabalhar conectado com a real necessidade do cliente.

✓ Autonomia em criar, testar e compartilhar conhecimento, que vamos chamar de empoderamento, quebrando estruturas hierárquicas que, na maioria dos casos, são a grande barreira a ser vencida.

Por fim, o caminho que já começou e expandirá em larga escala é o modelo de inovação junto a talentos dentro de uma startup que são vistos como um precioso ativo que vale investimento financeiro. Logo, as famosas *corporate ventures,* onde há o investimento de empresas (em geral de grande porte) em negócios nascentes e potenciais, como as startups. Além disso, há também o potencial tecnológico, que pode se transformar em potencial competitivo, o chamado "mindset ágil das startups", que tende a criar algo intangível em relação a novos aprendizados e otimização dos processos.

Consolidação da transformação digital

Quando pensamos em transformação digital, é quase que automático conectarmos à situação recente da pandemia, que foi de fato um evento que acelerou em definitivo a digitalização nos negócios e na nossa vida pessoal, invadindo nossas casas e facilitando muito nossas vidas na era home office. Mas essa jornada seguiu firme na fase pós-pandemia, pois é visto pelos grandes especialistas da área como uma tendência de mercado sem volta, com investimentos consistentes em ferramentas digitais focadas em especial nas áreas de experiência do consumidor, cyber segurança e sustentabilidade, tornando-se uma estratégia muito presente para alavancar a competitividade das empresas.

É impossível detalhar para você todas as tendências da transformação digital, mas focarei algumas que o líder exponencial, que também é digital, não pode deixar de lado e deve buscar incorporar em seu mindset de operar negócios:

Explosão de novos modelos de compra e consumo de produtos

Avalie seu próprio perfil como consumidor nesses últimos dois anos, tenho absoluta certeza que mudou. Os canais de compra se multiplicaram, com as inúmeras opções de autoatendimento, aplicativos, sites e canais no WhatsApp. Investimentos em serviços de chatbot, que viabilizam atendimento mais rápido e eficiente, também são tendência consolidada para os próximos anos. Ou seja, não basta ter mais um bom produto, você precisa ter isso com uma excelente experiência para o cliente, englobando o "namoro inicial" na procura do produto (como destacar o produto nessa imensidão de busca digital), ter um preço competitivo e fornecer um serviço pós-venda exemplar. Isso mesmo, experiência completa. E você se deparará também com a "total experience", que seria a soma das experiências, que inclui a do cliente, do colaborador e do usuário.

Cultura data-driven

Alguns profissionais com mais tempo de estrada podem dizer com orgulho que a experiência os guia para os caminhos mais corretos. Atualmente essa frase soa quase como um tom poético, pois até os mais experientes nunca vivenciaram os cenários tão mutantes característicos do mundo BANI. Um dos grandes gurus da qualidade, William Edwards Deming, um homem muito à frente de seu tempo, tinha uma frase que repercute como contemporânea até hoje: "Em

Deus nós confiamos; todos os outros devem trazer dados." E essa frase descreve bem a cultura data-driven, que na tradução literal do inglês seria "guiado por dados", isto é, as tomadas de decisões sempre terão como referência avaliações utilizando os dados como base para direcionar as estratégias e curso diário dentro da organização, sempre com foco em reduzir riscos, guiando-se apenas pelo empirismo. Nesse tema também podemos considerar como opção importante a predição e simulação de cenários diversos.

Na cultura data-driven, os dados se tornam o ponto central para elaboração de estratégias, gerando mais precisão e diminuindo a margem de erro em algumas situações que compreendem os dados como elementos centrais para as estratégias. Portanto, todas as decisões serão tomadas considerando sempre informações coletadas e mensuradas. Os principais benefícios que a implementação dessa cultura pode gerar para a organização seriam:

- ✓ Acelerar a identificação de problemas antes que eles se tornem crônicos.
- ✓ Gerar diversos cenários possíveis como soluções com maior rapidez.
- ✓ Coletar e analisar bem os dados, a fim de conhecer melhor o comportamento e a transformação contínua de seu cliente.

É claro que para se desenvolver essa cultura data-driven, o líder precisará trabalhar muito o pensamento sistêmico para acompanhar toda essa visão de cenários multiconectados. Isso tem sido chamado de inteligência sistêmica, que é a habilidade de ter uma visão bem desenvolvida sobre o macrocenário, mas também atento às microvariáveis que podem interferir pontualmente no seu negócio.

O crescimento exponencial do uso de IoT, aparelhos conectados e automação dos processos

Quando falo de cultura data-driven não posso deixar de citar a grande necessidade de uma estrutura tecnológica confiável para suportar com segurança toda essa análise. Nesse aspecto, a internet das coisas (em inglês, Internet of Things, ou IoT) é um ponto de destaque. São redes de equipamentos físicos que têm um sensoriamento para captar dados e interconectar com outros objetos, trocando informações para tomada de decisões. Sendo assim, o dado chega em tempo real para compor um novo cenário de variáveis para você, líder, tomar uma decisão com seu time; monitoramentos precisos que permitem corrigir falhas de forma autônoma (os supervisórios inteligentes).

Ademais, há outros utensílios menores que vêm revolucionando o modo de gerenciar processos a distância (em especial após a pandemia), como os óculos virtuais, que te permitem fazer até assistências técnicas e treinamentos, criando um ambiente virtual similar ao real. O *machine learning* (aprendizado das máquinas) é um importante pilar do IoT para aprendermos com mudanças de padrões de comportamentos e buscar incorporar esses fatos para que as máquinas "aprendam" a reagir de forma mais preventiva em situações futuras. É óbvio que está longe de ser uma malha simples de se implantar, requerendo muito tempo de análise e construção de algoritmos específicos. No entanto, aqui também é a relação de custo-benefício que você também precisa avaliar, além de investir recurso humano e tempo na concepção desses modelos preditivos.

Por conseguinte, podemos evoluir muito a nossa capacidade de prever cenários integrando machine learning e IoT, gerando novos patamares, automação de processos e melhor produtividade. Imagine isso aplicado a uma linha de produção de alto valor agregado, onde uma inspeção automática já corrige e separa peças defeituosas antes de agregá-la na etapa seguinte do processo.

Inclusão como estratégia de negócio

A cultura da diversidade veio para ficar e para contribuir com um mundo mais justo e com menos desigualdades. Parece romântico, mas é real, e o líder exponencial tem que estar preparado e sensibilizado para promover ambientes de equidade e reconhecimento das diferenças, com habilidade para abordar temas delicados para evitar ruídos. Estar preparado é saber lidar emocionalmente com as situações, e se sensibilizar é de fato se importar e se posicionar frente à diversidade.

Como falei antes no Degrau 1, o líder do futuro conecta o seu lado tecnológico com o seu lado humanitário. Saber lidar com equipes diversas contribui muito para o gestor entender que seu gerenciamento de pessoas passará a ser individualizado (equipe não é bando), levando em conta as diferenças entre os indivíduos para potencializar suas performances e tornar o ambiente mais colaborativo e sustentável. Um ponto importante disso é que quem lida diariamente de peito aberto com as diversidades está dando um passo importante para ampliar sua visão empática frente ao cliente, pois a multiplicidade está lá fora também, não só dentro de seu meio, são seus consumidores potenciais que têm estilos e ideologias diferentes.

A pluralidade superou o clichê de ser uma estratégia amigável a ser tomada pela organização. Tornou-se uma ideologia importante que permite tomadas de decisões menos unilaterais e mais justas em equilíbrio com interesses da empresa, do colaborador e da sociedade. Já existem pesquisas de empresas renomadas que apontam que as diversidades étnica, cultural e de gênero podem ser correlacionadas com a performance da organização. A principal hipótese sobre a causa dessa correlação seria porque empresas com culturas de diversidade mais desenvolvidas conseguiriam reter mais talentos, terem conhecimento mais profundo das oportunidades emergentes, além de alimentarem melhor o clima interno entre colaboradores.

Incorporação definitiva do mindset de experimentação

Esse é um ponto que vem da disseminação da cultura ágil (abordada no meu livro anterior, *Resiliência Ágil*). Há uma premissa no mundo das metodologias ágeis que é: se o erro faz parte do processo natural de aprendizagem para se estabelecer um processo de melhoria contínua, que ele aconteça o quanto antes para a rota ser corrigida. E é aí que entra o ponto importante das organizações desenvolverem a cultura da experimentação, com inovação e exploração de novos nichos e clientes. Pois não há nenhuma dúvida de que nunca vivemos um momento com tantas rupturas como agora, e o melhor, nós estamos aceitando cada vez mais isso como um processo natural de mudança.

Aliás, a gestão da mudança tem sido uma estratégia adotada pelas organizações, em especial quando se introduz um projeto de porte, como aqueles com tendência de tirar as pessoas de sua zona de conforto (exemplo da transformação digital). Nesse aspecto, a gestão das mudanças entra com o propósito de disseminar essa visão na qual a experimentação de novos cenários se faz necessária, podendo beneficiar diretamente as pessoas e alterar seus propósitos.

Então, quando falamos que hoje há uma tendência de se formar uma cultura de experimentação, significa testar novas soluções em um sentido amplo na organização, em todas as áreas, sem restrições. (Lembrando que não precisamos criar um departamento de pesquisa em toda a companhia.) Volto para a abordagem de se trabalhar, por exemplo, com startups, que são centradas na estratégia de experimentação e que podem ajudar a organização a absorver esta cultura. Uma estrutura básica para tal experimentação, chamada de framework e que pode ser adaptada, seria conduzir modelos de ensaios que passem pelas fases de formular hipótese, observar, medir o resultado e gerar aprendizado, numa visão ágil, sempre buscando envolver o feedback do cliente. O papel do líder exponencial dentro dessa cultura deve ser de construir um ambiente favorável à escuta ativa para as ideias de todos.

Logo, falando diretamente a você, independente da sua função, em uma situação pessoal ou profissional, desenvolva esse mindset de experimentar coisas novas. Como já comentei, esse é o *modus operandi* do mundo. E quanto mais você repetir esse ciclo de experimentação, mais moldará sua forma de enxergar que a incerteza sempre existirá, mas que ela pode se tornar uma oportunidade, e esta será a diferença para o sucesso: quem experimentar mais rápido e transformar isso em diferencial competitivo.

Disseminação da cultura do bem-estar nas organizações

Começo aqui falando um pouco sobre meu próprio exemplo de vida, pois quando estava nos primeiros anos de carreira, o foco na parte profissional sempre foi muito maior em relação ao pessoal. E eu tinha até orgulho de dedicar de doze a quinze horas por dia para o trabalho, pois sou da geração X, que foi educada a ser medida pela intensidade de esforço, e não pela qualidade de resultado, além de focar o pilar financeiro como grande métrica de sucesso. Só que depois de alguns anos, a vida cobra um preço da saúde e do equilíbrio emocional. As novas gerações nos ajudaram a mudar essa cultura unilateral do lado profissional, tendo uma visão muito mais balanceada no que diz respeito à valorização das conquistas e da vida pessoal.

A busca pelo bem-estar nesse mundo BANI, que nos coloca em estresse e crises de ansiedade contínuas, se torna fundamental e deve ser desenvolvida pelas empresas e por nós como pessoas, buscando sempre a estabilidade dessa poderosa equação entre vida profissional e pessoal. Ações que visam o bem-estar do colaborador têm sido usadas como estratégia de retenção de talentos.

Temos que lembrar que implantar uma cultura de conforto não é algo simples, já que aqui estamos lidando com necessidades que às vezes vão para a esfera de carências individuais, onde se torna mais difícil se chegar a uma política de bem-estar que atenda a todo o coletivo. Cada empresa terá seu desafio e seus grupos com perfis distintos para atender.

Um bom começo é ter canais de comunicação adequados que ajudem a captar continuamente novas necessidades e estimar com métricas (por exemplo, porcentagem de retenção e de saída das pessoas). As pesquisas se tornaram essenciais nas organizações e o uso da tecnologia para tratar essas importantes massas de dados, a fim de ajudar a priorizar ações que terão mais chances de sucesso, tornou-se vital.

Você, acelerando a sua curva exponencial

O essencial desse degrau:

✓ Pilares da liderança exponencial (futurista, inovador, tecnológico, humanitário) são totalmente convergentes com as tendências de mercado: note a perfeita conexão dos pilares do líder exponencial que te apresentei no Degrau 1, com as tendências que descrevi agora. Alguns rótulos que falavam do profissional ser mais técnico ou mais gerencial não fazem mais sentido agora. Você precisa ter um perfil multifacetado, dominando a tecnologia que seja diferencial para sua área e construir a sua volta uma cultura para todos aceitarem a inovação e a tecnologia como um caminho estratégico, pois não adianta você ser o único a acreditar.

✓ Tendências hoje têm ciclos muito curtos, conecte-se e sempre se atualize: o que abordei aqui de tendência é algo que está sempre em rampas de transformação e novas versões. Você precisa estar atento a essas atualizações para sempre retroalimentar sua estratégia. Assim, esse período variará conforme a área que você está inserido, de acordo com o tempo que você precisará entender.

Gatilhos para sua curva de crescimento exponencial

Minha função aqui sempre será a de te provocar para uma atitude exponencial, então vamos lá.

Em relação às tendências que você viu aqui no Degrau 2, faça uma reflexão. O quanto você está direcionado para incorporar essas tendências? Para cada tópico a seguir que foi discutido, tente colocar duas ou três ações que você possa fazer de imediato para aumentar sua conexão com o tema. Pode ser desde estudar mais o tema até implantar uma ação mais estratégica no seu negócio.

A NOVA LIDERANÇA PRECISA CONVERGIR PARA AS TENDÊNCIAS...

1. ESG: Como transformar o tema parte de seu modelo de negócio?
   _____
   _____
   _____
   _____
   _____

2. Startup – Como aproveitar esse modelo/mindset por trás do conceito?
   _____
   _____
   _____
   _____
   _____

3. Transformação digital: O que posso usar de imediato dessas frentes digitais para alavancar meu negócio ou projeto?
   _____
   _____
   _____
   _____
   _____
   _____

4. Inclusão como estratégia de negócio: Qual oportunidades tenho neste tema?

_____
_____
_____
_____
_____
_____

5. Mindset de experimentação: Pensando nos seus projetos, há algum que você possa introduzir esse conceito de experimentação? Colocar em prática uma versão inicial e coletar os frutos do teste para prover melhorias para uma nova versão?

_____
_____
_____
_____

6. Cultura do bem-estar: Com base no que foi discutido, o que eu poderia melhorar ou sugerir de imediato no meu ambiente de trabalho?

_____
_____
_____
_____

DEGRAU 3

Os inimigos da liderança moderna: saiba identificá-los

Saia dos círculos viciosos da liderança tradicional e seja o líder do futuro.

Neste degrau, quero fazer com você uma análise de quais comportamentos devemos extrair por completo de nosso mindset de liderança, que se existirem, serão barreiras densas para você construir um estilo de liderança influente e que te leve aos seus objetivos. Quando falamos de liderança temos o costume de tratar apenas das habilidades e características que definem o perfil do grande líder. Aqui vamos fazer o contrário: expor as "sombras" perigosas que podem ofuscar sua liderança e te travar no seu desenvolvimento como líder e pessoa. Importante também conhecer esses pontos para ter condições de lidar com indivíduos que se comportam dessa forma. Não existe receita, é preciso ter uma consciência de melhorar continuamente por meio de experiências vividas e feedbacks recebidos, fortalecendo seu lado antifrágil, conceito que falamos no Degrau 1.

O derretimento da autocracia

Para começar, vamos definir o que seria uma liderança autocrática: é um estilo de liderar em que o poder se concentra no líder, ou em um pequeno grupo de confiança ligado a ele. Não há abertura para a criatividade, fazendo com que os membros da equipe tendam a se sentir ignorados e restritos. Em tempos de hoje, parece utópico ainda haver esse tipo de liderança, mas continua sendo comum em empresas existir essa tal forma enraizada como cultura, ou presente em áreas específicas de organizações que até então não se têm uma cultura de liderança bem disseminada.

Esse estilo de liderança, a princípio, não combina com as necessidades que os grandes times precisam para atingir uma alta performance nesse difícil mundo BANI. Estas demandas seriam:

- ✓ Autonomia para compartilharem ideias e criarem experimentações.
- ✓ Liberdade de expor dificuldades independente da hierarquia.
- ✓ Estímulo ao aprendizado contínuo.
- ✓ Sentir-se apoiado e não controlado.
- ✓ Ambiente colaborativo de confiança mútua.

E a liderança autocrática traz, na maior parte das vezes, um ambiente antagônico com os itens que descrevi acima. Como:

- ✓ Poder de decisão limitado dos colaboradores.
- ✓ Na maioria das vezes, cria-se um ambiente tóxico, que dificulta o engajamento das pessoas.

OS INIMIGOS DA LIDERANÇA MODERNA: SAIBA IDENTIFICÁ-LOS

- ✓ Impera a obediência através do medo.
- ✓ Você pode facilmente ouvir a frase "É desse jeito ou procure outro".
- ✓ Pouca inspiração e propósito coletivo.

Isso não quer dizer que a liderança autocrática nunca funcionará em alguma situação. Por exemplo, ela pode se encaixar quando temos cenários muito claros, quando o importante naquele momento é a disciplina e o cumprimento de um grupo de tarefas de forma focada e rápida. Mas para esse momento atual, e provavelmente futuro, a liderança autocrática tende a não se encaixar. Pois resgatando o que falei no Degrau 1, em relação aos pilares da liderança exponencial, o lado que chamamos de humanitário tem a missão genuína de conectar o time, ou seja, um líder que cede para a equipe o seu tempo para desenvolvê-la.

Nesse cenário vulnerável do mundo BANI, o diferencial está nas habilidades pessoais, como flexibilidade, adaptabilidade e criatividade, que te habilita para lidar em especial com o cenário frágil. Dessa forma, quando falamos dessas aptidões necessárias e voltamos para o perfil do líder autocrático, ele terá as seguintes dificuldades no cenário BANI atual:

- ✓ Sua característica de extrema centralização não permitirá o fluxo decisório fluir de uma forma assertiva e colaborativa (aproveitando as experiências multifuncionais da equipe), e os cenários atuais exigem uma visão variada de uma equipe conectada e experiente.
- ✓ Se o cenário já é frágil e ansioso, some a isso um líder que gerencia pelo medo e obediência.

À vista disso, é necessário um perfil mais flexível que tende a criar culturas em que o bem-estar da equipe é uma prioridade. E esse tipo de transformação tem que vir de cima com os líderes sendo exemplos de relacionamento servidor e matricial (sem extrema hierarquia). Essas culturas de bem-estar buscam modelar o equilíbrio de saúde física e emocional. As pessoas, para compensarem o mundo BANI, precisam ter mais equilíbrio e bem-estar na vida, e os líderes que ignorarem ou resistirem a abordar isso serão abandonados, como é caso do perfil do líder autocrata que tende a se fechar no seu silo hierárquico.

A comunicação distorcida

Posso começar aqui dizendo que não existe liderança emergente sem uma comunicação eficaz. Existe o termo liderança comunicacional, que é a habilidade de organizar as ideias e construir uma mensagem eficiente que engaje as pessoas na sua mudança de atitude no sentido de contribuir com a missão para o qual o estão chamando. Os grandes líderes não me deixam mentir: Nelson Mandela, Jack Welch, Martin Luther King e muitos outros tiveram como grande impulsionador suas habilidades em mobilizar as pessoas em prol de sua causa, por meio de uma comunicação efetiva.

Nesse ritmo intenso de transformações, uma comunicação ineficiente compromete muito a construção de um modelo colaborativo de trabalho, que está muito relacionado diretamente à confiança que a mensagem do líder passa. Listarei aqui as principais falhas que as organizações e seus líderes ainda cometem nos dias de hoje:

- ✓ Não levar em consideração a diferença de públicos internos (alta liderança, operação, administrativos): é preciso considerar a hierarquia e a diversidade existente no público interno. Públicos diferentes, detalhamentos diferentes, mas mantendo a mensagem essencial.

- ✓ Não escutar as pessoas que formam o seu núcleo (escuta ativa): atualmente, nesse cenário de intensa mudança, imagine você ainda ter a ingenuidade de achar que sua bolinha única de cristal (o seu cérebro) gerará todas as respostas de que você precisa. Lembre-se do que falamos do perfil data-driven (guiado por dados), que naturalmente você toma decisão frente às informações que estão sendo organizadas e analisadas continuamente, e que muitas vezes você precisa tomar decisões por vezes consensadas com um grupo.

- ✓ Com isso, ouvir e não querer ter razão o tempo todo passa agora a ser um processo natural de melhoria e tomada de decisão assertiva. Ou seja, na era BANI é praticamente um ato de irracionalidade e ingerência não praticar a escuta ativa junto ao seu time, seus pares e stakeholders. A comunicação unilateral definitivamente não combina com as habilidades que descrevi sobre a liderança exponencial.

- ✓ Não compartilhar conhecimento: numa era de alta tecnologia e exigência emocional extrema, o não compartilhamento de informações pode ser o caminho inicial do fracasso, pois imagine o momento atual, no qual você tem que tomar decisões de forma relâmpago, mas se você tiver visão de apenas metade do tabuleiro do jogo, o risco aumenta muito. Por isso, a informação compartilhada é um ponto vital para uma cultura data-driven, que quer usar a antecipação de cenários como um diferencial competitivo.

- ✓ Por meio do perfil do líder exponencial, no qual temos características importantes como a inovadora e futurista, como podemos modernizar e antecipar o futuro sem informação? Lembrando que compartilhar tem relação direta com confiar, fortalecendo a relação transparente do time. Outro ponto também é: e se fosse possível medir o tempo que gastamos no "achismo", ao tentarmos interpretar algo que alguém te passou, mas que depois você descobriu que faltava informação? Acho que já te convenci da importância do domínio da comunicação clara no perfil da liderança exponencial.

- ✓ Dirigir comunicações sem a clareza do objetivo, do que ela transformará: uma comunicação efetiva transforma a atitude das pessoas, direcionando-as para a mudança necessária para aquele momento. Caso a sua comunicação movimente pouco as ideias do grupo, não provocando nenhuma modificação de comportamento significativa, quer dizer então que ela não atingiu seu resultado mais esperado.

- ✓ Vamos fazer uma analogia de uma comunicação que não gera transformação no time. Quando pensamos na sua reunião de equipe, o objetivo é alinhar e direcionar o grupo de trabalho para o caminho do resultado que deve ser ajustado conforme informações nas quais você traz. Portanto, o que você comunicar para aquele grupo deve ter efetividade para a construção de uma nova estratégia e não só uma mera informação, seja um indicador, um cronograma de tarefas bem descrito ou um feedback de um cliente. Se houver a percepção do grupo de que o comunicado naquele fórum é na maior parte das vezes agregador às suas tarefas e ao desempenho, isso com certeza aumentará o engajamento do time. E esse clima de objetividade e espírito de cooperação vão gerar transparência e confiança, pois num local onde gestores compartilham todas as informações necessárias com a equipe, a motivação aumenta, uma vez que todos se sentem valorizados e parte importante do processo.

A falta de feedbacks que reduz a confiança e conexão

Começo aqui te falando sobre a simplicidade da natureza humana de necessitar ter o sentimento de pertencimento e de relevância no meio onde ele convive. Pode parecer subjetivo, mas somos todos estimulados por feedbacks (em especial, os positivos), portanto, cortar essa fonte, ou simplesmente não desenvolver essa cultura, tem consequências negativas exponenciais.

Pegando um gancho nessa curva de acontecimentos desmedidos atualmente, e na necessidade que você terá de ter uma blindagem emocional constante para melhorar seu lado antifrágil, o feedback e o feedforward (vamos falar aqui das diferenças), se trabalhados de forma correta e com objetivo claro de crescimento coletivo, podem ser uma ferramenta preciosa para o líder.

No mundo BANI, atentar-se para os diferentes pontos de vista é um grande caminho para tornar o processo de decisão robusto. Ter um sistema de feedback para a equipe é essencial para o equilíbrio e a liberdade de criação. Para te convencer de vez da importância deste tema, te lembrarei aqui dos principais impactos da ausência constante de feedback:

- ✓ Impacto direto na autoconfiança da pessoa e na sua produtividade.
- ✓ Relação de confiança entre colaborador e liderança fica enfraquecida.
- ✓ Risco de perda de talentos.
- ✓ Dificulta a criação de uma cultura colaborativa e diminui relações interpessoais.

Em função da importância do tema feedback, quero aproveitar e introduzir para você um conceito mais moderno que é usado como complemento a este, que seria o *feedforward*.

O feedforward está em alta e combina muito com o momento acelerado que vivemos, em que temos que utilizar os resultados de nossas experiências para melhorar nossa performance técnica e emocional. Fazendo uma tradução do inglês, feedforward seria "olhar adiante" e foi um conceito desenvolvido por Marshall Goldsmith, um dos grandes nomes do coaching. Para ficar bem claro, é importante entender a sútil diferença entre feedback e feedforward:

✓ Feedback: sua tradução seria "olhar para trás"; o que fiz, o que aconteceu, tendo o objetivo de se ter uma autorreflexão das ações efetuadas no passado, que são de extrema importância para moldar as mudanças necessárias.

✓ Feedforward: tem foco em refletir e planejar as ações futuras. Busca não se apegar ao passado, ou seja, focar o princípio de que o passado foi importante para o aprendizado, mas o que fará você mudar são as ações que você se propõe a fazer daqui para frente. É uma reflexão que serve tanto para melhorias na vida profissional quanto pessoal.

Esse é um assunto bem extenso, mas direcionarei aqui os principais passos para se conduzir um feedforward:

1. Utilize como complemento do feedback, como caminho seguinte para evolução dos itens citados no feedback. É muito importante que isso esteja claro para a pessoa que está recebendo o feedforward, devendo ser visto como o caminho rápido *(fast track)* e construtivo de progressão natural, depois das oportunidades vistas de ações passadas no feedback.

2. Durante o processo inicial, faça perguntas que favoreçam o surgimento de melhorias, autorreflexão e autoconhecimento, e não apenas nas ações do passado. Algumas delas podem ser:

   ➤ Qual o principal propósito para eu mudar uma atitude ou melhorar uma habilidade?

   ➤ Quais são exatamente as atitudes que preciso melhorar, alinhado a esses propósitos?

   ➤ O que posso fazer de imediato para iniciar essa mudança? É preciso conectar prontamente um gatilho de início, se não fica só no planejamento.

   ➤ Quais são os objetivos concretos (benefícios mensuráveis) que você deseja alcançar?

   ➤ Como você vê seu futuro se conseguir colocar seus objetivos em prática?

São perguntas simples, mas estímulos poderosos que você pode fazer para seus colaboradores e para você mesmo.

1. Para que toda mudança possa ocorrer, deve haver um incentivo e um acompanhamento que ajudem a transformar a pessoa e o processo que isso envolve. Uma vez que você gerou esse gatilho de reflexão e mudança na pessoa com quem você fez o feedforward, é vital que haja um incentivo e apoio às mudanças pensadas, auxiliando-o a seguir com a atitude de mudança e avançar.

2. Um plano de ação deve ser criado para facilitar a realização do item 2, que seria transformar aquelas cinco perguntas poderosas em ações efetivas que você precisa acompanhar. Autorreflexão que leva ao autoconhecimento é ótimo, mas deve ser traduzido em ações práticas e prazos. Lembrando que esse pla-

no precisa fundamentalmente estar conectado com as respostas obtidas na Parte 1, a ligação com o propósito e objetivos traçados. Você começa a ganhar quando começa a visualizar o caminho, e não quando cruza a faixa de chegada. O plano serve para isso, para ser o seu caminho, ou da pessoa quem você está orientando.

Em síntese, feedback e feedforward se complementam, e você, líder, precisa incorporá-los não só como uma ferramenta, mas como uma "skill" para acelerar o desenvolvimento de seu time, descobrindo talentos e futuros sucessores, a fim de construir sua curva exponencial. Lembre-se, um grande líder não é um super-homem, mas alguém com uma equipe competente, técnica e emocionalmente preparada.

O medo de correr riscos, que paralisa sua evolução

Risco deve ser encarado como um elemento natural do *modus operandi* do mundo BANI. No meu primeiro livro, *A Tríade da Competência*, dediquei um capítulo inteiro abordando a importância de o líder desenvolver a habilidade de conduzir problemas, medir seus riscos e oportunidades, de encará-lo de frente, fazendo uma observação sistêmica, buscando ultrapassar o cenário óbvio e abordando o problema sob uma ótica de oportunidade. Um problema deve virar uma oportunidade e servir como uma fonte estratégica que estimula a melhoria contínua no seu ambiente de negócio que mostre caminhos anteriormente não identificados. Portanto, não assumir naturalmente riscos que surgem como necessidade natural para evolução de seus projetos e desafios é definitivamente bloquear o seu crescimento natural como líder.

Vale te lembrar sobre o cenário atual que apesar de toda essa loucura e não linearidade de ocorrência dos fatos, temos algumas novas situações que nos ajudam a ir em frente, mitigando com mais eficiência os efeitos não desejáveis dos riscos que vamos assumir. São elas:

- ✓ A transformação digital nos dá uma disponibilidade de informação como nunca tivemos. Mesmo que você não tenha essa tecnologia toda no seu negócio, os serviços terceirizados de gestão da informação estão muito mais fáceis e acessíveis.

- ✓ A nova cultura data-driven te projetará naturalmente a se adaptar mais rápido a esse mundo de riscos, pois será simplesmente uma questão de sobrevivência, não apenas de diferencial competitivo.

- ✓ O novo método permite trabalhar com equipes mais colaborativas e multifuncionais, e tenderá a descentralizar mais as decisões (lembre-se da seção "O derretimento da autocracia") e ter mais conhecimento embarcado para medir e analisar melhor os riscos onde seu negócio está inserido.

Para reforçar a importância de você buscar extirpar esse medo constante de assumir riscos, citarei aqui alguns comportamentos que devem ser incorporados no seu mindset para facilitar esse processo e torná-lo menos doloroso emocionalmente.

Reflexão e discussão do risco em conjunto sempre é melhor do que fazê-lo individualmente

Tire esse peso unicamente de suas costas. Uma análise feita por uma só pessoa pode ser desviada unilateralmente por suas crenças, não considerando o impacto de uma visão sistêmica e integrada de um grupo maior.

Evite isso trabalhando sempre com equipes multifuncionais para as decisões mais difíceis e complexas. Isso com certeza te dará mais coragem e potência para enxergar todas as variáveis necessárias.

Importante pensar na questão do nível hierárquico envolvido, liberte-se disso e trabalhe de forma transversal, pois às vezes o conhecimento técnico fundamental para um problema está num nível mais operacional. Você deve ser o maior encorajador de sua equipe, contribuindo com a discussão e trazendo seus pontos de vista, mesmo que num primeiro momento sejam antagônicos ao que fora discutido até o momento.

Quero te lembrar que compartilhar riscos com a equipe tende a aumentar a confiança do time e aflorar habilidades individuais que numa situação isolada talvez não se destacaria, ou seja, é uma subida de nível de desempenho para o time como um todo. Com esse aumento de confiança coletiva (todos assumindo o risco juntos), eleva a assertividade da equipe em questionar soluções óbvias ou ter um olhar sobre outra ótica.

Não erre na descrição do problema, é caminho fundamental para chegar nas causas

Como comentado no capítulo anterior, a habilidade de formular hipóteses, experimentar e fazer microajustes nas suas estratégias, com base no aprendizado, é de extrema importância atualmente. Testar em fases e ir gradualmente corrigindo a rota é um modelo considerável para minimizar a curva de impacto de riscos. Se vamos investir em testar hipóteses para seguir em frente, é fundamental que o time de trabalho tenha uma visão muito alinhada do escopo e dimensão do que querem tratar e melhorar.

A discussão sob vários pontos de vista permite trazer mais insumos e percepções para a melhor formulação do problema, mitigando riscos de simplificação dele, o qual seria não o observar de forma mais sistêmica. Esse tipo de atitude colabora com a inclusão do time, dando abertura para expressarem suas opiniões, ideias, curiosidade e senso crítico.

O que houve de bom no ruim, quais experiências positivas já ocorreram em contexto similar, que podem ajudar a pensar

O medo do risco tende a te tornar mais resistente a mudanças e ideias fora da caixa. Uma estratégia para reduzir essa escala de medo e hesitação seria buscar boas práticas e analisar casos similares que tiveram sucesso em algum momento. O que já foi executado e deu certo? É claro que na visão BANI, de alteração constante e não linearidade, o desafio de buscar soluções já testadas que se encaixem é muito menos provável. Mas pense o seguinte, em outras experiências, podem ter sido utilizados conceitos de solução possíveis de adaptar para sua situação atual. Não inventar a roda, e sim adaptá-la para a sua contingência é um conceito de agilidade que você deve seguir. Focar o modelo mental de se inspirar em cases de sucesso te trará maior segurança, entendendo que outros grupos já passaram por essa situação e superaram. Inovar é ótimo, mas algumas vezes vale aquela máxima de "um pirulito para quem cria e dois pirulitos para quem copia".

Em resumo, numa decisão para descentralizar o risco, envolva mais pessoas no processo de análise do problema ampliando o máximo seu mapa de hipóteses e possíveis soluções. Você terá também como efeito colateral positivo a chance de construir um time, mais preparado para assumir riscos, sendo mais curiosos e questionadores. Os problemas às vezes necessitam ser reformulados ou divididos em etapas para se chegar a saídas de fato efetivas, e se você não tiver a mínima ideia por onde começar, inspire-se inicialmente em boas práticas, pois será uma fonte introdutória de te impulsionar para sua própria solução e reduzir seu medo de assumir os riscos inerentes.

A curva de aprendizagem que não acompanha a mudança exponencial do mundo

De acordo com uma definição clássica de o que é a curva de aprendizagem: é a medida de evolução de uma pessoa no seu desempenho em uma tarefa, segundo seu tempo de repetição. Conforme sua experiência aumenta, ela tende a realizar com mais velocidade e qualidade o seu trabalho. Ela se aperfeiçoará com os erros e encontrará múltiplas formas de ser mais produtiva. A tendência é que suas dúvidas e inseguranças presentes no início do processo desapareçam.

O conceito de aprendizagem foi aplicado na área de produção industrial, pelo engenheiro e professor Theodore Wright, que atuava na aeronáutica. Seu estudo teve foco na observação da redução nos custos de montagem dos aviões durante a Primeira Guerra Mundial. Wright observou que os colaboradores faziam em menos tempo a execução da tarefa, conforme adquiriam habilidade com esta. Até aí tudo parece óbvio, mas o autor foi mais longe, elucidando os fatores que mais contribuíam para isso, como:

- ✓ Adaptação às ferramentas utilizadas, por parte do colaborador.
- ✓ Autoconhecimento que fazia criar maneiras próprias de aumentar a produtividade.
- ✓ Menos dúvidas e erros, devido a sua habilidade, que geram menos retrabalho.

E esse processo de aprendizagem foi representado graficamente por meio do que se chamou de curva de aprendizagem.

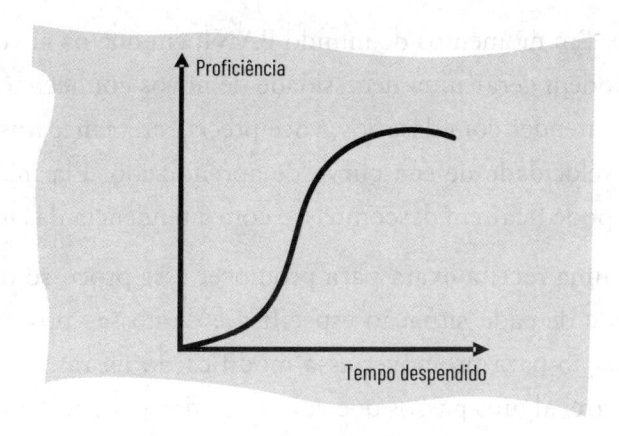

OS INIMIGOS DA LIDERANÇA MODERNA: SAIBA IDENTIFICÁ-LOS

Figura 3: Construção da curva de aprendizagem
Fonte: Criação do autor (Elementos do Office)

O principal ponto que você precisa entender aqui é que a *aprendizagem é um processo a ser desenvolvido*, que tem tempos e fases. Veja que não se trata de uma linha reta diretamente proporcional ao intervalo, e sim uma curva que se estabiliza ao longo do tempo e este dependerá do indivíduo e do período dedicado. O início do aprendizado tende a ser mais lento, mas quando o conhecimento e a prática começam a ser consolidados, as tarefas ficam mais fáceis e a performance se torna melhor. Com o passar do tempo, a curva se estabiliza, pois a pessoa atinge seu ápice e fica mais difícil aumentar a produtividade. Mas se forem introduzidos novos patamares de desafios, é iniciada uma curva nova, repetindo o mesmo ciclo: iniciando com baixa proficiência e produtividade, porém seguirá o processo natural de repetição da curva. Esse é conceito genuíno de melhoria contínua, evoluir constantemente. Vale destacar que para diferentes desafios, a curva terá inclinações diferentes, dependendo muito da tarefa e de sua complexidade.

O que quero deixar claro aqui é que você precisa ser o dono de sua curva de aprendizado (vamos falar mais sobre isso no Degrau 7). Sua proficiência para tratar os desafios é proporcional ao seu foco e tempo dispensado. Em momentos de mundo BANI, em que os novos acontecimentos podem gerar uma necessidade de novos conhecimentos imediatos para atender com desafios, você precisa criar mecanismos para acelerar a velocidade de sua curva de aprendizado. Ela mais do que nunca não pode ficar em descompasso com a tendência das mudanças.

Não há uma receita exata para promover esse processo de aceleração, depende de cada situação específica e de nossas próprias forças e determinação para promover essa modificação na rampa da curva. Mas destacarei alguns passos que você pode dar para acelerar sua curva de aprendizagem e de sua equipe.

Aumente o processo de integração entre grupos

Existe o termo *onboarding* que é frequentemente usado para se referir a um programa específico com o objetivo de integrar um novo funcionário na organização, mostrando a estrutura, passando por várias áreas, conhecendo as pessoas-chave do processo, que se inclina a ser um bom gatilho para a curva de aprendizado naquele momento de entrada na organização. No entanto, esse pode ser um processo possível de você fazer com seu time e com você mesmo, continuamente. Pois é muito comum trabalhar "no meio de um processo" e não conhecer absolutamente nada das outras partes. Assim, promover encontros de equipes multifuncionais, participar de projetos fora de sua área, conhecendo e acessando sempre novas fontes e redes de conhecimento e relacionamento, o que ajuda muito no processo de construir conhecimentos novos e de te adaptar cada vez mais ao modelo mental intenso de hoje, que é estar sempre aberto a novas experimentações.

Recorra a um processo de mentoria

Ter um mentor para poder contar com a ajuda de alguém mais experiente pode ser um bom caminho para acelerar sua curva de aprendizado, passando a você mais segurança e alguns atalhos em especial, se houver algum tema específico de grande domínio do mentor. Essa prática já é adotada por empresas, inclusive usando recursos internos promovendo uma grande troca de experiência, normalmente entre pessoas que estão em momentos diferentes de carreira, e ajuda a estabelecer um espírito colaborativo entre funcionários com mais vivência profissional e colaboradores mais novos. Caso você seja o mentor, também te ajudará no processo de aprendizado, pois não há nada mais genuíno do que aprender orientando, trocando experiências e principalmente desenvolvendo o hábito da escuta ativa.

Descubra o jeito de aprender que mais combina com você

No seu processo de aprendizagem você precisa descobrir quais são as formas que mais te facilitam a aprender e praticar, seja leitura, workshop, discussão em fóruns de múltiplo conhecimento, viagens de imersão. Enfim, você terá que combinar sua disponibilidade de tempo com a modalidade que te traz maior tranquilidade de absorver o conhecimento. Mas algumas dicas você pode seguir, para melhorar seu processo de aprendizagem diário:

- ✓ Estude pouco, mas estude todos os dias: estudar ou ler pouco, mas praticar todos os dias, reforça essa atividade como um hábito e ajuda no processo de memorização e aprendizado de seu cérebro.
- ✓ Seja específico no conhecimento e não generalista, foque o tema que está com dificuldade: no mundo atual, conectar necessidade com estudo é fundamental para você de fato priorizar. Seu propósito e disciplina aumentarão por saber que aquele conhecimento possa te trazer retorno imediato, ajudando você na sua missão ou projeto.

- Pratique o que você aprende: parece uma dica óbvia, mas você precisa incorporar isso nos seus hábitos. No meu livro *A Tríade da Competência*, abordo o conceito de pirâmide de aprendizagem de William Glasser. Neste, tem-se uma visão sobre a porcentagem de eficiência da absorção de aprendizagem segundo os recursos pelos quais esse conhecimento chegou até nós. Se você faz um curso, seu aprendizado está no máximo na faixa dos 70% de absorção. Caso você queira realmente "emplacar" esse conhecimento acima dos 90%, terá que partir para atitudes como praticar, demonstrar e ensinar aquele conteúdo.

- A tecnologia chegou de modo definitivo para te ajudar, utilize-a para aprender mais: plataformas digitais online, palestras gravadas que você assiste a hora que quer e tarefas interativas para testar de imediato seu entendimento do conteúdo. Estamos saindo gradativamente só do livro impresso de aula presencial para experimentar um mundo infinito, no qual podemos escolher qual meio melhor se encaixa ao nosso modelo de aprendizado. Uma modalidade que tem ganhado destaque é a de aprender por meio da gamificação. O termo "gamificar" vem de "game", jogo em inglês, e tem como objetivo tornar os processos de aprendizagem de conteúdo mais atraentes por meio de mecanismos comuns a jogos. Isso significa aplicar conceitos como desafios (missões), etapas, níveis de dificuldade e recompensas. Ao instituir, por exemplo, um treinamento gamificado, você é continuamente motivado a se superar, a avançar de nível e se preparar para eventualidades. No Degrau 7, voltarei a esse importante tema sobre aprendizado, detalhando mais ferramentas para você seguir firme com sua rampa crescente de aprender.

Você, acelerando a sua curva exponencial

O essencial desse degrau:

✓ Comunicação: é efetiva se de fato mudar a atitude das pessoas, direcionando-as para a mudança necessária para aquele momento. Na hipótese de sua comunicação movimentar pouco as ideias de seu time e não provocar nenhuma mudança de comportamento significativa, conclui-se que ela não atingiu o resultado esperado.

✓ Causas devidas à falta de feedback: redução da autoconfiança e da retenção de talento (ambiente sem estímulo) e diminuição do potencial de se ter um ambiente colaborativo.

✓ Aprendizado: você é dono de sua curva de aprendizado e só cabe a você descobrir os meios mais adequados para tal.

✓ Tempo versus proficiência: sua proficiência para lidar com os desafios é proporcional ao seu foco e tempo dispensado. Não existe dificuldade de aprendizado, o que existe é tempo insuficiente de dedicação. Está na sua mão.

✓ Receita ideal de aprendizado não existe, programe sua mente para estar no modo de adquirir conhecimento todo tempo, usando como canais as experiências vividas e os feedbacks recebidos.

Gatilhos para sua curva de crescimento exponencial

✓ Ouvir e não ficar ansioso para convencer o próximo e não querer ter razão é ótimo sinal de que você está se abrindo mais. Observe-se quanto a isso.

✓ O mundo é BANI, por isso, fique atento aos diferentes pontos de vista e incorpore-os sempre no seu tabuleiro de decisão, pois é um grande caminho para acelerar o processo.

✓ Os elementos principais para um ambiente de trabalho próspero são autonomia, compartilhamento de ideias, curiosidade com experimentação e liberdade de pedir ajuda. Semeie esses ingredientes diariamente na sua equipe.

✓ Sobre o processo de feedforward, que tal inserir sempre essas perguntas abaixo como ferramentas de autoconhecimento (compreender melhor suas dificuldades e potenciais) e como forma de ajudar as pessoas de seu time a melhorar a performance e encontrar um propósito. Você não precisa criar todo um processo formal para fazer isso. O líder do futuro deve cada vez mais buscar as questões certas para o momento certo. Comece com estas:

- Qual o principal propósito para eu mudar essa atitude ou melhorar essa habilidade?
- Quais são exatamente as atitudes que preciso melhorar, alinhado com esses propósitos?
- O que posso fazer de imediato para iniciar essa mudança?
- Quais são os objetivos concretos (benefícios mensuráveis) que eu desejo alcançar com essa mudança?
- Como vejo o futuro se conseguir colocar esses objetivos em prática?

PARTE II

Adaptando-se e construindo a transformação

NESTA SEGUNDA PARTE, BUSCAREI DESENHAR E TRACIONAR COM VOCÊ o caminho de transição e adaptação para transformar sua liderança exponencial. Serão quatro degraus dinâmicos abordando aspectos e pilares essenciais que precisamos entender e construir para fazer essa passagem de liderança da tradicional para a exponencial. No Degrau 4, abordaremos como você se posiciona e induz potência nesse mundo semipresencial e digital. O Degrau 5 será para falar do poder de se construir uma cadeia de relações que transcende a sua organização e seus níveis de relacionamento naturais. No Degrau 6, trataremos o quanto é importante trabalhar continuamente a sua inteligência emocional, com base em mindset de crescimento e liderança ágil. Eu costumo dizer que inteligência emocional te ajuda a viver, sem morrer. Finalmente, no Degrau 7, trabalharemos a visão de aumento da sua capacidade e de seu time ininterruptamente, conhecendo e utilizando as grandes tendências de aprendizagem. Vamos juntos cruzarmos essa importante parte do conteúdo.

PARTE II

Adaptando-se e construindo a transformação

DEGRAU 4

O profissional que sabe se adaptar ao trabalho híbrido

A grande conexão está na missão, no propósito criado pelo líder e pela equipe, e não só no ambiente em si, no escritório.

Com a pandemia, fomos virados do avesso, obrigados a mudar de hábitos, sendo jogados de quarentena e colocando nosso trabalho dentro de casa, com isso, criou-se uma corrida para buscar uma rápida e às vezes não muito confortável adaptação. Em um curto espaço de tempo tivemos que aprender novas habilidades de tecnologia para seguir em frente, além de lidar com novos sentimentos como solidão, angústia e ansiedade. Mas calma aí, não é possível que tenhamos registrado somente experiências ruins. Foi um período de grande aprendizado que provavelmente te deixou numa versão antifrágil, melhor do que antes, na qual você aumentou sua curva de aprendizado, buscou novas alternativas para problemas jamais pensados e reavaliou bem as prioridades de sua vida. Pois bem, é disso tudo que tratarei com você neste degrau. Essa jornada de home office, que se tornou gradualmente híbrida, trouxe mudanças que não serão temporárias, pois apenas acelerou algumas tendências que já vinham se desenhando nos últimos anos. E esse é um desafio importante para você, líder do futuro: entender e absorver esse novo jeito de se trabalhar e se relacionar, por vezes, frente a frente, já outras vezes, a distância, em que você deverá ter a capacidade e sensibilidade de lidar com as pessoas nessa variação de ambientes, que têm diferentes desafios.

Nesse novo mundo de trabalho virtual e físico, o que já chamamos de "figital", surgem os chamados profissionais do conhecimento, que são aqueles que têm habilidades de comunicação de alto nível e trabalham de forma independente e colaborativa para realizar tarefas complexas, geralmente usando tecnologia. Esses profissionais sabem de seu valor e estão revendo suas escolhas de vida e rejeitando empresas com as quais não sentem mais afinidade de valores para trabalhar. Para reter e atrair talentos, as organizações precisam se tornar mais flexíveis, para desenvolver melhores opções que se tornem mais atrativas para o colaborador. E o trabalho híbrido com certeza está entre essas novas opções.

O híbrido que veio para ficar: vantagens e desafios

Definindo claramente o modelo de trabalho híbrido, ele é basicamente aquele que mescla o modelo presencial com o home office. Após a avalanche da pandemia, as empresas começaram a avaliar e definir melhor essa equação de equilíbrio entre a qualidade do resultado e o tempo de dedicação presencial do time. Tais instituições estão concluindo que pode se tornar um modelo de trabalho viável e até um diferencial de atratividade para o colaborador. A princípio, se você avaliar de forma mais geral, enxergará impactos positivos em sua vida pessoal e saúde mental, como, por exemplo, passar mais tempo em casa com a família, evitando deslocamentos desnecessários.

Algumas organizações já reduziram seu espaço físico e seus times têm se espalhado pelo mundo, com base logicamente em uma estrutura digital robusta, para atenderem as demandas da empresa. Mas parte das pessoas também não se adaptaram somente a trabalhar em casa, em especial por sentirem a falta de contato com outros indivíduos. Listarei aqui as principais vantagens potenciais que de imediato estamos enxergando no trabalho híbrido. É obvio que a intensidade desses benefícios dependerá do modelo e tamanho de negócio, mas vale você conferir:

- ✓ *Possibilidade de reduzir custos*: com um número de pessoas fisicamente menor, há a tendência de gastos mais baixos com energia, vale transporte, água e outros. Com essa flutuação de número de pessoas, pode-se pensar em formas alternativas, como alugar espaços de coworking para dias de maior lotação ou reuniões.
- ✓ *Possibilidade de menor rotatividade*: essa flexibilidade de horário e local de atuação, se bem trabalhado, pode se transformar em uma atratividade que pode ser decisiva para reter pessoas, havendo uma possibilidade de se aperfeiçoar a medição dos resultados individuais ao adotar métricas mais precisas, podendo tornar o processo de avaliação do trabalho das pessoas mais justo.
- ✓ *Mais tempo para uma melhor qualidade de vida*: você gasta menos tempo no trânsito (no caso de grandes centros), o que permite distribuir melhor o seu tempo e suas tarefas que de fato te agregam valor e qualidade de vida.

Mas e os riscos, podemos perder algo com o trabalho híbrido? Certamente que sim, e é importante entendermos os desafios que vamos enfrentar para equilibrar um modelo híbrido de trabalho. Colocarei aqui os principais riscos de forma mais genérica, mas na sequência detalharei alguns deles:

- ✓ *Motivação da equipe*: o convívio presencial nos permite manter uma percepção maior da moral do time. Esse é um desafio de como manter engajamento e cooperação a distância. Para lidar com isso, devemos trabalhar processos de feedbacks constantes.
- ✓ *Alinhamento coletivo da equipe*: manter o time bem alinhado e munido das mesmas informações no sistema híbrido é mais desafiador. Aí entra a tecnologia para termos conhecimento e prestações de contas de tarefas, de forma online, para se ter um controle mais eficiente da rotina.
- ✓ *Comunicação eficiente*: como já citei, a comunicação é um desafio perene na vida do líder, ainda mais quando você passa a não ter mais como conversar pessoalmente com o time o tempo todo. É necessário adaptar o local de trabalho também, criando comunicações para quem está no escritório e para quem está de home office.

Esses são os principais pratos que temos que equilibrar nesse novo mundo para tornarmos essa cultura híbrida um diferencial exponencial para resultado e qualidade de vida para as pessoas. Não podemos desprezar as dificuldades da relação a distância. Quando estamos de forma presencial com a equipe, temos mais informações não verbais (como um olhar, uma expressão, um gesto) que nosso cérebro faz a leitura, o que nos ajuda a captar mais rapidamente o contexto da situação. Quando entramos no distanciamento, além de perder a intimidade daquele momento do café, perdemos esse espaço mais informal de troca.

Desenvolvimento das soft skills de forma híbrida

No Degrau 1, falei da importância do pilar humanitário do líder exponencial, no qual o resultado obtido é muito fruto da construção de um ambiente colaborativo, com pessoas engajadas em um propósito coletivo e aprendendo de forma contínua (esse seria o meio para uma obtenção de resultados diferenciados). Essa característica humanitária direciona o líder a pensar que a adaptação de cada um da sua equipe pende a ser diferente para as mudanças atuais e futuras que ainda teremos. A adaptação ao trabalho a distância também é um exemplo.

Na fase da pandemia, eu mesmo tive experiências na minha equipe bem significativas em relação aos ajustes ao home office. Percebi que algumas pessoas necessitavam de mais atenção, mais orientação e, em especial, mais tempo para serem ouvidas, para compensar de certa forma a carência de relacionamento próximo, do olho no olho. São as pessoas que naturalmente não têm aquele espírito nato de independência e necessitam de uma espécie de ignição para se engajar, e a proximidade física ajuda nesse aspecto. Mas em compensação, algumas pessoas parecem que se encontraram ainda mais no jeito de trabalhar home office e híbrido, melhorando seu poder de concentração e em consequência sua produtividade. O ponto aqui é o seguinte: você, líder, cada vez mais precisa entender que terá que desenvolver estratégias individuais para sua equipe, se quiser chegar a um equilíbrio de alto desempenho coletivo. Terá que dedicar tempos distintos para membros do time, desenvolver intensamente o processo de escuta ativa e entender a cadência dos fóruns diários e semanais de encontros para manter uma conexão constante, no nível que teria, se fosse 100% presencial. Colocarei algumas skills essenciais que você precisa desenvolver de forma contínua para conduzir esses novos modelos de trabalho e organização de equipes.

Você precisa desenvolver a empatia no relacionamento com a equipe

No meu primeiro livro *A Tríade da Competência*, foi dedicado um capítulo inteiro sobre o poder da empatia no perfil de um líder. A partir disso, digo que para o momento de plena transformação que vivemos, é essencial para evolução de qualquer trabalho em equipe saber o que o outro lado sente e quais são suas necessidades e expectativas. Indo direto ao ponto, a característica de empatia se encaixa muito com as melhorias necessárias nos níveis de confiança, dentro de uma equipe que esteja trabalhando no modelo híbrido, no qual se pretende desenvolver autonomia individual, mas sem desviar do propósito coletivo colocado para a equipe. A empatia permite construir um mecanismo de relação em que ouvimos e entendemos as demandas das pessoas com as quais estamos dividindo a missão. A capacidade de compreender e experimentar os sentimentos e motivações dos outros é crucial para o seu progresso de liderança exponencial, pois ao aceitarmos todos como indivíduos, mostramos empatia por aqueles que trabalham conosco, sejam membros de nossa equipe, pares ou superiores. Dessa forma, a empatia tem que ser tratada como um valor que gera sinergia na equipe, seja presencial ou a distância, e o gatilho deve ser o líder.

A prática da escuta ativa deve ser um hábito incorporado no seu mindset

Escuta ativa consiste em tirar completamente o foco de você durante algum evento, seja uma conversa individual com alguém ou numa reunião de trabalho, e concentrar 100% na mensagem recebida. Na prática, isso significa ouvir o outro na essência, quer numa reunião ou momento individual. Nesse momento atual de trabalho híbrido ou home office, o ato de ser ouvido é poderoso, resgatando confiança e sentimento de pertencimento nas pessoas, e permitindo a você, *líder, ouvir os seus "especialistas"*. Portanto, o detalhamento do problema é vital para o entendimento assertivo do contexto nesse mundo BANI atual. O mundo ágil é muito intenso e o conceito aqui é não desperdiçar a oportunidade de ouvir a pessoa certa, que pode encurtar o caminho da solução, na qual a distância física da pessoa seja um impeditivo para isso acontecer. Ou seja, policie-se para não dar mais escuta às pessoas que estão próximas fisicamente a você, em relação aos outros, que estão distantes. Aquela premissa conhecida de "quem não é visto, não é lembrado" deve ser um paradigma a ser quebrado.

Tenha o feedback e feedforward como bússola para desenvolvimento contínuo da equipe

Volto a bater nessa tecla abordada no degrau anterior. Imagine um líder que tem a equipe distante parte do tempo, que não lida bem e não incorpora a prática do feedback e feedforward como ferramentas incrementais em seu trabalho. Se o hábito de fornecer e receber feedbacks for incorporado na dinâmica de trabalho durante reuniões, sejam presenciais ou a distância, provocando conversas de alinhamento, com o passar do tempo essa prática refletirá positivamente em um ambiente muito mais transparente e leve, onde se tornará mais fácil tratar de temas complexos e as pessoas conseguirão distinguir melhor o que é diferença de pontos de vistas sem cunho de julgamentos pessoais.

Essa prática contribui para o estreitamento de relações, em especial para o time que está fisicamente distante, pois redefine o que é a proximidade de um grupo, que se reflete na confiança e nitidez ao expor suas opiniões com respeito entre colegas e pares. Isso sim é um ambiente com empatia presente.

Reconhecimento contínuo e comemoração em tempo real

Comemorar pequenas conquistas e entregas, em tempos de trabalho híbrido, é essencial para fortalecer a autoestima e confiança do time, renovando a convicção que estamos no caminho certo. Portanto, reinvente-se na forma de acompanhar seus principais indicadores, monitorando-os de forma mais online possível e comemorando cada pequeno avanço na reunião diária, em que cada entrega 100% feita deve ser de muita vibração positiva. O líder que está lidando com o desafio do trabalho híbrido não deve perder jamais a oportunidade de mostrar a sua equipe que estão no caminho certo. Não deixe passar uma conquista em branco, mesmo com o tempo jogando contra você, não deixe de executar a importante e genuína missão de agradecer.

A transformação digital como aliada perene

Nesse novo cenário de trabalho híbrido, temos as ferramentas digitais para nos ajudar nas novas tarefas que temos que fazer agora de forma diferente de antes, como a conexão entre as pessoas, monitoramento de tarefas a distância, controle de horas de trabalho virtual, mapas mentais virtuais que substituem os bons e velhos post-its na parede e muitos outros. Mas não filosofarei muito sobre isso, o foco aqui é te dar uma visão prática do que você pode utilizar de ferramentas para tornar sua gestão híbrida mais fácil e dinâmica. O desafio é sugerir a ferramenta ideal para você, frente a uma infinidade que temos hoje e que teremos ano a ano. A boa notícia é que dispomos de muitas ferramentas boas e gratuitas, o que torna a inserção de ferramentas digitais mais acessível, independentemente do tamanho de seu negócio. Para deixar mais claro, listo a seguir as principais tarefas que você pode adotar tais dispositivos, a fim de tornar o processo mais dinâmico e confiável:

✓ Ordenação de ações.

✓ Acompanhamento de metas e ações para atingi-las.

- ✓ Compartilhamento de documentos de forma controlada.
- ✓ Integração dos times, como chats interativos e videoconferências.
- ✓ Gestão online do que está sendo feito e interação direta com quem está executando.

Com isso, é possível sim otimizar fluxos de tarefas e comunicação de forma digital, dando mais agilidade e segurança nas entregas, e como consequência obter maior produtividade.

Pensando em te dar um caminho inicial para implementar essas ferramentas conforme sua necessidade (entenda, não implante porque está na moda, mais sim por real demanda), citarei alguns instrumentos digitais para as principais exigências que surgirão após você adotar o sistema híbrido. Inclusive, mesmo que você não trabalhe de forma remota, eles te ajudarão de alguma a forma a dar mais agilidade no seu fluxo de trabalho.

Ferramentas para comunicação, chats e reuniões

Por termos essa intermitência de contato entre virtual e presencial, comunicar-se a distância por meio de aplicativos se transformou no principal canal entre equipes. Precisamos contar com ferramentas que nos permitam fazer isso de forma prática, barata e segura. Tais meios com certeza foram os mais difundidos na pandemia, e vale citar:

- ✓ **Microsoft Teams:** plataforma de reunião e chat, muito boa para quem já usa em geral outros itens da Microsoft. Comporta até 100 usuários (versão gratuita). Tem transmissão ao vivo e chamada de voz.
- ✓ **Zoom:** bom desempenho e estabilidade. Bom para webinars e se integra, por exemplo, ao Outlook. Na versão gratuita é possível fazer uma reunião de até 40 minutos com até 100 pessoas. Faz também chamadas individuais.

✓ **Slack:** nessa plataforma é possível dividir os indivíduos em canais específicos por equipe. Conhecido como um substituto para o tradicional e-mail, pois evita atraso nas respostas e você pode ter toda a comunicação em um único lugar.

Fazer gestão de tarefas online

Em meio a esse mundo híbrido, o controle das tarefas precisa ser facilitado e unificado para quem está presencial ou virtual. As principais que eu cito são:

✓ **Artia:** ferramenta para gestão de equipes, projetos e tarefas bem completa. No seu portfólio tem um sistema de cartões Kanban virtuais, registro de horas em tempo real e um manual, além de gráficos de Gantt muito visuais e úteis. Comentários podem ser gravados nas tarefas que são enviadas aos envolvidos por e-mail. Boa capacidade em gerar cartões, quadros e relatórios.

✓ **Trello:** um Kanban[1] digital prático de usar. Todos podem alterar o status dos cartões. Ele tem um sistema chamado Butler, que é um sistema próprio de automação de tarefas. É muito útil para fazer gestão de trabalhos mais simples e gestão pessoal de atividades.

✓ **Asana:** boa opção, com gestão de tarefas, gráfico de Gantt e Kanban. Dá a visão de esforço por etapa. Sem muitos mecanismos avançados de relatórios, mas tem a opção de gestão de recursos, ajudando a monitorar a carga horária por colaborador.

---

[1] De origem japonesa e significa "sinalização" ou "cartão", e propõe o uso de cartões para indicar e acompanhar o andamento da produção dentro da indústria.

Compartilhamento de documentos

Esse é um serviço comum de extrema necessidade, inclusive após a era híbrida. Para essa função temos as famosas nuvens de dados. Citarei aqui as principais:

- ✓ **Google Drive:** muito conhecido, é integrado a outras ferramentas do Google. É possível a edição de diversos documentos.

- ✓ **Wetransfer:** ferramenta de transferência de dados. Ótimo para compartilhar documentos pesados, que não vão por e-mail e suporta vários formatos de arquivos.

- ✓ **OneDrive:** é a nuvem da Microsoft, sendo integrada com os demais aplicativos do Office. Também permite editar arquivos de forma simples.

Gestão de tempo

Nesse momento híbrido, o gerenciamento confiável de horas necessita de um recurso mais elaborado. Vamos a algumas opções:

- ✓ **Toggl:** faz gestão de horas permitindo que você acompanhe o quanto foi gasto de tempo nas tarefas, permitindo mais controle por tarefa e ajudando a gerenciar sobrecarga de trabalho em períodos específicos A ferramenta tem lembretes para controle. Tem um modo de análise de resultados de tarefas, podendo comparar a performance atual com as anteriores.

- ✓ **Pontomais:** quem nunca bateu o famoso cartão de ponto? Esse sistema registra de forma digital, automatizando e agilizando o processo e gestão de horas. Pode ser acessado por mobile. Ele pode gerar histórico de jornada individual, controlando o anexo de documentos, como, por exemplo, atestados.

Conforme falei no início, meu objetivo não é cobrir toda a infinidade de opções que temos hoje em dia de ferramentas digitais, mas sim te sensibilizar que é um caminho sem volta, que veio para ficar e para facilitar sua agilidade de trabalho com sua equipe, mesmo de forma híbrida. Depois da pandemia, devido à necessidade global de digitalização, essas ferramentas têm se tornado mais acessíveis, e muitas vezes gratuitas, pelo menos no seu nível básico. E muitas delas você pode contratar como serviço, sem necessitar de grandes investimentos de estrutura.

Segurança psicológica no trabalho e o desafio de construção do líder

Na visão atual do trabalho híbrido e no ritmo acelerado que estamos, quando o lado "B" e "A" do mundo BANI (que seria o frágil e o ansioso) se torna evidente, você, líder, precisa estar muito atento ao equilíbrio emocional que você e sua equipe estão desenvolvendo.

É nesse contexto que quero desenvolver o tema que chamamos de segurança psicológica no trabalho. A especialista nesse assunto, Amy Edmondson, autora de diversos livros, entre eles *A Organização sem Medo*, faz uma referência importante sobre o tema segurança. Segundo a autora, quando você se sente seguro para ser sincero em um ambiente onde há respeito e confiança, é também o momento que você terá vontade de se envolver em conflitos produtivos.

Em resumo, deixando de uma forma mais clara, a segurança psicológica seria ter um saudável ambiente de trabalho, onde há conforto e liberdade para que as pessoas sejam genuinamente elas mesmas. Se você, por exemplo, sentir plenamente isso no local de trabalho, terá mais confiança para expor suas ideias e posicionamentos, deixando naturalmente a criatividade livre para acontecer, o que é um grande benefício para você e toda equipe envolvida. Nesse ambiente, as pessoas serão certamente mais produtivas e tenderão a correr mais riscos, sem muito sofrimento. Por meio disso, torna-se um canal aberto para novos aprendizados, pois será um clima muito propício para autenticidade, criatividade e inovação. Esse é, de fato, o caminho para construção de times de alta performance.

Trago este tema para este degrau sobre trabalho híbrido, pois essa segurança psicológica é de extrema importância nesse mundo atual de intermitência entre presença física e virtual. Visto que é preciso desenvolver a mentalidade que a conexão está no trabalho, na missão, no propósito criado pelo líder e pela equipe, e não só no ambiente em si, mas também no escritório. Portanto, você deve identificar constantes oportunidades para que seu time se sinta conectado à cultura de propósito e engajamento, que deve ser despertado pela realização do próprio trabalho e não exclusivamente pelo ambiente.

Voltando ao livro de Amy Edmondson, a sua grande mensagem é que nós, líderes, devemos criar locais de trabalho onde as pessoas se sintam seguras para compartilhar ideias e onde possíveis erros são encarados como oportunidades para aprender. Isso permite construir uma organização livre de medo e propensa a criar grandes inovações, que no final não será somente a coisa certa a se fazer, mas sim um caminho importante para erguer uma equipe de alta performance.

Um estudo recente da consultoria Mckinsey aponta que a segurança psicológica é um fator importante para o indivíduo se tornar mais adaptativo e inovador, sendo necessário no ambiente atual, nos níveis individual, de equipe e de organização. Criar equipes autônomas e capacitadas a se mover de maneira ágil resolvendo problemas requer muita segurança psicológica. A pesquisa sugere que para os líderes criarem tal segurança no ambiente da equipe, eles precisam se comportar como se fossem uma espécie de consultor, no sentido do apoio às suas equipes, ou seja, muito longe de um comportamento de hierarquia vertical.

Nesse clima, as contribuições entre equipes, mesmo a distância, são valorizadas, havendo um grande cuidado com o bem-estar uns dos outros. Isso faz com que desenvolvam não apenas uma capacidade maior de análise e senso crítico, mas também uma melhor condição antifrágil. Os times que já contavam com esse clima positivo reagiram melhor às mudanças que vieram com o trabalho remoto.

Então, alguns passos importantes que você precisa avançar como líder para criar um ambiente de segurança psicológica:

- ✓ Você deve promover a conexão e cultura por meio da missão do trabalho (o propósito) e não apenas do ambiente em si. O escritório deixou de ser a experiência cultural única.

- ✓ Deve-se promover a conexão pela proximidade emocional, não só pela física. Se as interações físicas se tornam mais esporádicas, em função do trabalho híbrido, os líderes precisam captar quais são as situações em que as pessoas se sentem mais valorizadas e "notadas", mesmo que não fisicamente. Esses momentos que nos sentimos próximos emocionalmente vem quando nos sentimos apoiados, seguros para opinar, onde nossa opinião será ouvida e valorizada.

- ✓ Otimize experiências baseadas em micro, não em macro. O mundo híbrido reduziu o tamanho dos ecossistemas. Os grupos têm mais informações relevantes, mas sem interagir com um número maior de pessoas. Contudo, esse número menor de relacionamento será mais intenso na confiança e maturidade. Logo, os líderes devem incentivar as equipes a criarem microculturas intensas e saudáveis que encorajem uma maior conexão. Não é formar bolhas, mas sim pequenos grupos que vão ter uma intensa troca (conhecimento e emocional), mas que também terão possibilidade de conectar com outros grupos.

✓ Busque desenvolvimentos que proponham que as pessoas tenham experiências diárias. Como se fosse uma leve rampa diária. Essas sistemáticas tendem a serem mais eficazes, pois um comportamento ou hábito não é criado de um dia para outro, são necessárias pequenas doses de "provas" cotidianas, prosas entre os times, possibilidade de grupos se formarem rápido em prol de alguma situação urgente para o time como um todo. Vamos falar mais sobre isso no Degrau 7, na parte de microlearning. O aprendizado consistente vem do experimento diário e da consciência, onde naturalmente as condições mudam o tempo todo e a cada dia é um degrau de uma grande escada.

Uma pequena história, o projeto Aristóteles no Google

O Google desenvolveu por dois anos um estudo chamado "Projeto Aristóteles", nome do filósofo grego dono da frase: "O todo é maior do que a soma de suas partes", em que o principal objetivo era entender quais seriam as características de equipes campeãs, com desempenho bem acima da média. Em resumo, os resultados demonstraram que o ponto crucial é a forma que as pessoas interagem nos seus respectivos ambientes de trabalho. Outros dois fatores também essenciais no momento de construir um ambiente com segurança psicológica dentro de uma empresa são o tempo que os membros passam se expressando e a escuta ativa. É justamente essa troca que melhora a harmonia do time. E o mais importante, um forte elo de colaboração não depende exclusivamente da presença física, mas em essencial das experiências diárias que os grupos de trabalho vivenciam entre si.

Nessa grande pesquisa do Google foram destacadas cinco características básicas que aparecem em comum nas equipes de alto desempenho:

- ✓ *Confiabilidade acima da média:* a equipe cumpre as tarefas no prazo, alinhando qualidade e entrega dentro ou acima do esperado.
- ✓ *Clareza nos objetivos e papéis:* nessas equipes não há dúvidas sobre os objetivos norteadores da missão e têm papéis bem definidos no grupo.
- ✓ *Significado com propósito:* o trabalho tem um propósito para todos, podendo ser coletivo ou individual para os participantes. Esse propósito está presente no ar que respiram.
- ✓ *Segurança psicológica:* é um ponto forte e bem nivelado em todo grupo onde se sentem seguros para assumir os riscos necessários e questionarem perguntas sem julgamento, com o grande intuito de agregar valor no trabalho.
- ✓ *Impacto:* o grupo acredita que seu trabalho tem um grande propósito e afeta positivamente o bem maior.

Segundo a pesquisa, quando esses cinco elementos começam a se consolidar, os grupos alcançam três conquistas de grande valor e impacto para qualquer organização:

- ✓ A entrega total do time atende ou excede as necessidades dos stakeholders envolvidos.
- ✓ A equipe se torna uma unidade de desempenho capaz de lidar com tarefas mais complexas que antes o grupo tinha maior dificuldades de reproduzir.

✓ Esse forte sentimento de pertencimento de equipe incentiva o crescimento dos participantes, com desenvolvimento de novas habilidades.

Projetar a equipe perfeita é mais subjetivo e complexo do que imaginamos, mas focar esses cinco componentes aumenta a probabilidade de se criar uma equipe dos sonhos.

Você, acelerando sua curva exponencial

O essencial desse degrau:

✓ Lidar com o trabalho híbrido tem que ser algo natural para você. Se relacionar de forma presencial e, algumas vezes, a distância, requer que você tenha habilidade e sensibilidade para entender que cada um se adapta de um jeito e em tempos diferentes.

✓ Você precisa utilizar as ferramentas digitais como seu aliado para otimizar esses possíveis gaps do trabalho híbrido. Não as adote por moda, mas sempre por necessidade.

✓ Mais do que nunca, para você desenvolver o máximo as pessoas de seu time, precisará elaborar estratégias individuais para sua equipe, caso queira chegar a um equilíbrio de alto desempenho coletivo, inclusive dedicar tempos distintos para membros da equipe.

✓ Nesse mundo híbrido, é cada vez mais importante você estruturar intensamente o processo de escuta ativa. Busque oportunizar encontros cotidianos da equipe para manter uma conexão constante, no nível que teria, se fosse totalmente presencial.

✓ Não deixe passar em branco as pequenas conquistas. Mostre para o time que eles estão no caminho certo, reforçando a motivação e confiança interna. Não deixe de praticar a importante e genuína missão de agradecer.

Gatilhos para sua curva de crescimento exponencial

✓ **Escuta ativa:** você precisa incorporá-la no seu mindset de líder exponencial. Ouvir é um processo vivo de humanização, de aumento de seu autoconhecimento e de valorizar as pessoas a sua volta.

✓ **Atitude:** coloque na sua agenda como compromisso intransferível 30 minutos para ouvir uma pessoa ou um pequeno grupo (não podem ser muitos, pois tira seu poder de dar atenção). Escolha, por exemplo, como tema um projeto que você tenha dificuldade, algum conflito, ou mesmo um pequeno desafio do dia a dia. Chame os envolvidos para um ambiente reservado e ouça, ouça e ouça. É claro que o ideal é que você esteja sempre acessível às pessoas para elas te procurarem. Mas se você tem dificuldade em deixar isso natural, tente sistematizar dessa forma para virar um hábito.

✓ **Segurança psicológica:** você tem que ser o protagonista para criar esse ambiente:

- Crie ou sugira momentos específicos para falar do tema "ambiente de trabalho". Capte o que pode melhorar, se ainda há necessidades individuais a serem tratadas.

- Avalie quanto a tecnologia pode te ajudar a tornar o processo de comunicação mais claro e transparente para as pessoas. Informações compartilhadas com mais facilidade, mais bem organizadas, facilitam na hora de fazer fóruns coletivos, mesmo a distância.

- Clareza nos objetivos e papéis. Faça um forte trabalho em garantir que todos saibam o propósito principal de cada projeto e detalhe de forma individual, o escopo de participação de cada integrante, sem deixar de estimular a ampliação de interação entre o grupo. Como relatei a respeito do projeto Aristóteles da Google, em equipes de alto desempenho, não há dúvidas sobre os objetivos norteadores da missão, existindo papéis bem definidos na equipe. Dá trabalho, mas não tenha dúvida de que será um acelerador no seu processo contínuo de desenvolvimento.

DEGRAU 5

Construindo uma rede de colaboração sem proporções

O líder que quer criar uma gestão colaborativa é um eterno semeador de um bom ambiente.

Começarei lembrando novamente dos nobres aprendizados que a pandemia nos trouxe, citando como exemplo a clara visão que nenhum negócio sobrevive se mantendo no seu habitual *status quo*. Faremos uma simples suposição: que você fosse o dono de um restaurante ou bar antes do Coronavírus, no qual o fluxo do negócio acontece 90% dentro do estabelecimento, pois ir a um local desse tipo tende a ser mais que fazer uma refeição. Assim, você curte o ambiente, conversa, interage com as pessoas etc. Então de repente as portas se fecham e o faturamento não diminui, ele reduz para zero. O foco do negócio muda completamente, o salão decorado não atrai mais clientes, o chopp mais gelado da região também não é mais um diferencial.

Nisso, para sobreviver, você passa a depender de outros serviços que nunca tinha utilizado, ou que no mínimo não eram o foco de seu negócio, como, por exemplo, depender de uma eficiente entrega em domicílio (lembre-se de que seu ofício era servir bem as pessoas no confortável salão de seu restaurante), para que a comida e a bebida cheguem na casa do cliente exatamente como se ele estivesse dentro de seu restaurante. Difícil, não é? Pois você agora necessita da excelência de outras infraestruturas que antes não estavam na rede de seu negócio. Essa é uma pequena amostra da grande transformação que sofremos, que traduz bem o "B" (frágil) de nosso atual mundo BANI, na qual vimos que independente do mercado no qual estamos inseridos, somos um elo frágil de uma gigantesca cadeia em que precisamos e dependemos de estar muito bem conectados para que possamos no mínimo sobreviver e talvez prosperar.

Calma, não estou com um surto de pessimismo, apenas quero te chamar a atenção. Um líder exponencial tem que desenvolver esse mindset extremo de conexão, ligar seu negócio a redes colaborativas que aumentam sua capilaridade de se propagar, buscando novos mercados e fazendo alianças poderosas que de alguma forma potencializem sua receita ou reduzam seus custos.

As organizações exponenciais

É impossível seguir com esse degrau sem apresentar para você o moderno conceito de organizações exponenciais. Essa expressão foi desenvolvida pelos autores do fantástico livro *Organizações Exponenciais*, Salim Ismail, Yuri Van Geest e Michael S. Mal. Se formos definir de uma forma simples e objetiva, uma organização exponencial seria aquela que tem um crescimento muito acima da média das demais presentes no mercado e em um curto espaço de tempo. Ou seja, o sonho de todo empreendedor: crescer muito além da média num curto período.

CONSTRUINDO UMA REDE DE COLABORAÇÃO SEM PROPORÇÕES

Citarei na sequência exemplos reais para te dar mais referência da dimensão do que estamos falando. Mas só para te lembrar, vamos voltar a sua aula do ensino fundamental na qual você aprendeu esse conceito da matemática, em que, por exemplo, 2^3 seria 2x2x2 que seria 8, isto é, o valor dobra a cada ciclo, e é essa relação que os autores querem passar no que se refere a esse tipo de empresa, em que sua curva de crescimento é contínua num tempo relativamente curto.

Com base nesses autores, as principais características dessas empresas são:

- ✓ Sua alta capacidade de inovação em produtos e processos.
- ✓ A percepção de uma oportunidade de mercado, antes de seus concorrentes.
- ✓ Chegar a uma equação ótima de atender em grande escala com qualidade e baixo custo.
- ✓ Usar como ninguém a tecnologia certa para alavancar seu negócio.
- ✓ Seu nível de engajamento de time ser diferenciado em relação aos demais.

Já quando falamos de empresas de crescimento comum, linear, essas tendem a trabalhar de forma mais limitadas a recursos básicos como dimensionamento da mão de obra e capacidade de ativos, com baixa flexibilidade de aumentar escala em um curto período. Por outro lado, uma empresa exponencial trabalha com escala bem flexível, em termos de recursos. Mas a característica mais diferenciadora entre as exponenciais e as tradicionais está na forma como a primeira se adapta às mudanças e necessidades do mercado, em que sua transformação é 100% guiada pelas necessidades de novas experiências dos clientes.

Detalhando um pouco mais as características de uma EXO *(as exponentials organizations)*, com toda certeza elas não terão uma estrutura de centenas nem milhares de funcionários, pois esse é um grande foco de custo. A tendência dessas novas empresas é utilizar vias mais colaborativas, como o trabalho remoto com aplicativos sofisticados capazes de atualizar constantemente o perfil e a necessidade do cliente, regulando as necessidades de recursos conforme a demanda.

O mindset principal de uma EXO é atuar com modelos colaborativos, que vão gerar uma relação de benefício mútuo entre elas, os parceiros e os clientes finais, e isso sem burocráticos contratos de trabalho que parecem uma pesada âncora, mas sim uma estrutura de incentivos clara para cada um dos envolvidos. Essa relação de trabalho hoje é chamada staff on demand, que traduzindo do inglês, seria "equipe sob demanda". Para iluminar mais o conceito, te lembrarei aqui de duas EXO clássicas que, com certeza, você já deve ser usuário:

- ✓ **Netflix:** atualmente é o principal serviço de entretenimento por streaming do mundo, aumentando cada vez mais seu público conectado. Pensando naquelas cinco características que caracterizam uma EXO, a Netflix explorou uma lacuna de oportunidade, na qual havia poucas opções de lazer pago para diferentes perfis de família, assim, sua iniciativa abalou totalmente o mercado de locadoras (estou sendo romântico aqui, para não dizer que quebrou esse mercado). Ela começou oferecendo os mesmos conteúdos das videolocadoras com um custo-benefício bem mais vantajoso, e na sequência passou para uma estratégia mais audaciosa e agressiva que foi a de produzir seus próprios filmes e séries, batendo na porta dos famosos atores de Hollywood e incluindo-os em seus elencos. Sua atuação também incomodou a TV aberta, inclusive aqui no Brasil. E tudo isso com uma ótima variedade, qualidade e preço, parecendo de fato um sonho inimaginável anos atrás.

CONSTRUINDO UMA REDE DE COLABORAÇÃO SEM PROPORÇÕES

✓ **Uber:** foi uma das primeiras em aplicativo de transporte de passageiros a nível mundial. A empresa conta hoje com mais de 120 milhões de usuários, 5 milhões de motoristas parceiros (mais colaborativo que isso, impossível) e fazem mais de 20 milhões de viagens por dia. Foi mais uma EXO que enxergou precocemente uma demanda potencial gigante, pautada nas limitações do transporte individual mais acessível. No início, causou muita controvérsia e barulho, por parte das concorrências que foram afetadas (táxis e serviços de transporte executivo), mas hoje em dia é fonte de renda principal de milhões de trabalhadores e o usuário (eu me incluo aqui) não se vê mais sem esse importante serviço. Além disso, a Uber vem melhorando continuamente seu aplicativo (emprego da tecnologia certa para aprimorar os serviços) no que diz respeito à usabilidade para o consumidor e a atratividade para os parceiros (premiações, bônus etc.).

Podemos citar outros exemplos de empresas exponenciais emblemáticas, como Airbnb, Amazon, Nubank, Ifood, Loft e muitas outras. Você pode até me dizer que estou citando exceções entre milhões de empresas existentes, mas de fato essas instituições tiveram um modelo inovador e disruptivo, não só como produto, mas como modo de operar o modelo de negócio. As principais lições que podemos aprender com as empresas exponenciais são:

✓ Buscar resolver um problema que é interesse de um grande público e encontrar uma solução inédita para um problema coletivo, o que acaba proporcionando um escalonamento de custos marginais mais baixos.

✓ Mudar completamente a direção e o propósito convencional do modelo de negócio para terem sucesso e sustentabilidade.

Testaram intensamente sem medo do erro e foram ágeis para incorporarem o que deu certo no modelo.

✓ Seus times são movidos por conhecimento, paixão e conectividade em aprender com as experiências.

Um conceito importante que os autores de *Organizações Exponenciais* exploram é que a organização que quer crescer em um ritmo acelerado deve construir o que eles chamam de "MTP", que significa *Massive Transformation Proporse,* ou Propósito Transformador Massivo em português. De maneira objetiva, seria criar um propósito aspiracional para aquele negócio que está nascendo como se fosse a grande missão, de uma maneira que seja impactante e transformador para seu nicho e quem sabe para o mundo.

Parece poético, mas a verdade é que um MTP poderoso consegue gerar um movimento cultural em torno dele, e esse movimento gera a quebra de um paradigma e consequente a construção de um novo hábito ou conceito, e é nessa nova "avenida cultural" que essas empresas crescem muito e em pouco tempo. Se você pensar nos exemplos que descrevi (Netflix, Uber e os demais), elas se encaixam nesse padrão, pois tinham um MTP poderoso. Esse propósito transformador pode chegar a ser tão inspirador a ponto de se tornar um novo modo de se oferecer aquele determinado produto, com uma adesão esmagadora em pouco tempo, tendo como outro exemplo o Airbnb, que já atingiu 1 bilhão de hóspedes no mundo inteiro.

O conceito de economia colaborativa: uma tendência que você precisa adotar

Continuando a construir aqui com você esse importante conceito de visão colaborativa, na qual você e o seu negócio precisam estar adaptados aos novos modelos de trabalho em rede e consumo consciente, quero falar agora sobre a economia colaborativa. Essa é uma forma de negócio centrado em desenvolver novas maneiras de consumo tendo como premissa o uso mais consciente e sustentável de recursos. A economia colaborativa já é há algum tempo uma tendência mundial, em que o princípio básico seria utilizar bens e serviços de forma compartilhada ao invés da tradicional aquisição como propriedade individual, que ainda simboliza um meio de medir conquistas e poder aquisitivo, do tipo quanto mais tenho posse, mais poder tenho. Só que no conceito colaborativo seria dividir agora para ter mais no futuro para você e para todos, estando muito ligado ao crescimento do capitalismo consciente e de uma maior preocupação com a sustentabilidade.

Quando pensamos nesse conceito para uma organização em que você está inserido, você enxergará o benefício dessa prática. Para já trazer um exemplo sobre esse conceito, pense na própria Uber, que tem o princípio colaborativo como base do modelo de negócio, a qual tem mudado a ideia da sociedade em relação a aquisição de bens.

Tal como na minha geração, um dos primeiros sonhos de aquisição era ter um carro próprio "todo meu", e hoje se faço a pergunta para meus filhos jovens, eles me respondem: "Por que ter um mesmo carro, se posso alugar ou andar em um tipo diferente a cada dia?" Na economia colaborativa substituímos a compra direta pela contratação de um serviço para usar aquele mesmo produto, em que esse serviço pode vir com vantagens extras, como assistência técnica etc. Em recente pesquisa feita pela Confederação Nacional de Dirigentes Lojistas, aqui no Brasil, os entrevistados foram questionados sobre os benefícios da economia colaborativa, e tivemos pontos interessantes:

- ✓ 45% enxergam como maior benefício a oportunidade de economizar dinheiro;
- ✓ 43% entendem como grande ponto positivo evitar desperdícios;
- ✓ 33% citaram ajuda a um número maior de pessoas.

Para entender e justificar ainda mais a razão de você incorporar em definitivo esse conceito, falarei aqui dos três pilares da economia colaborativa, que, quando em equilíbrio, garantem o sucesso desse importante modo de trabalhar.

O pilar social

Para suportar a evolução populacional mundial nunca foi tão importante construir conceitos de sustentabilidade ligados aos novos produtos, serviços e negócios, além do mindset de convivência em comunidade.

O pilar econômico

Ainda sob a ótica de sustentabilidade e redução de desperdícios, e consequentemente, custos, a economia colaborativa otimiza recursos em cadeia, dando flexibilidade no custo final, em especial por haver compartilhamento de parte dos custos, podendo dessa forma aumentar a acessibilidade do produto ou serviço.

O pilar tecnológico

Com o maior acesso a redes e celulares, a economia colaborativa ganha ainda mais fluidez, capilaridade e velocidade, e acaba sendo um caminho sem volta para cada vez se disponibilizar mais serviços digitais.

Ao dar mais foco na economia colaborativa para os negócios, ela pode ser de fato uma estratégia de redução de custos, diminuindo investimentos e de maior alcance de mercado. Vamos aos pontos mais relevantes:

O aprimoramento do compromisso social

Lembra quando falei no Degrau 2 sobre o impacto atual do ESG? A economia colaborativa está bem relacionada à visão ESG. Se sua empresa adere a essa economia, fortaleça a sua imagem de compromisso com a sustentabilidade ao produzir produtos e serviços menos danosos ao meio ambiente.

Maior acesso à jornada digital

No Degrau 4, também já citei o quanto o acesso às ferramentas digitais, de comunicação e gestão de informações passaram a ser imprescindíveis para o negócio. E a boa notícia é que além de adquirir esses instrumentos, você pode fazer contratos de serviços ou até conseguir de forma gratuita. Além disso, a mídia digital é um grande caminho a ser explorado para alavancar mais clientes. O uso de plataformas de compartilhamento de ideias é um fluxo inevitável para você acessar novas oportunidades que podem oxigenar o seu negócio.

Em alguns momentos, para alavancar a sua empresa dentro de seu "core" (seu foco principal), você precisará de grandes especialistas, mas para serviços complementares ao seu fluxo mais trivial, você não necessita ter um exército de especialistas caros. Podemos citar aqui vários serviços digitais especializados, que você pode terceirizar como contabilidade, serviços de pagamentos digitais, monitoramentos de segurança etc. A visão aqui seria: o custo de investimento não pode ser desculpa para você adotar a jornada digital como diferencial competitivo, a economia colaborativa com plataformas gratuitas ou de baixo custo estão aí para te ajudar.

A grande economia em escala

Entendo que este é um dos pontos mais relevantes da economia colaborativa, no qual você passa a ter a possibilidade de ter uma grande economia, em muitos serviços, começando pelo local físico, onde aparecem as áreas de coworking, para absorver algumas demandas de aumento de time em momentos específicos do mês. No Brasil tem crescido os Centros de Serviços Compartilhados (CSC), que concentram em um local alguns serviços comuns operacionais para várias filiais de uma mesma empresa, como tecnologia da informação, recursos humanos, marketing, entre outros. Essa estratégia tende a reduzir estruturas da região nas filiais, otimizando mão de obra e facilitando a padronização dos processos.

Multiplicando a sua rede de influência

Se você investir numa estratégia contínua de economia colaborativa, como consequência você terá uma interface com um número infinito de parceiros, catalisando seu networking entre empresas, dentro e fora de sua cadeia de atuação de negócio, integrando-o a diferentes profissionais, organizações e outros agentes externos. Também aumenta as suas fronteiras, o mercado internacional fica mais perto de você para novas oportunidades de negócios.

Agora, quais seriam os cuidados básicos, que você, líder exponencial, deve ter na introdução dessa cultura de economia colaborativa? Um planejamento estratégico mínimo é importante para você ganhar potência nesse tema.

Uma cultura de colaboração deve ir além dos muros da sua organização

Se essa visão de economia de escala e colaboração ficar só internamente na empresa (como citado antes, a criação de CSCs), o resultado terá uma potência menor. Portanto, uma estratégia crucial e diferenciadora de sucesso é o mecanismo de troca sofrer um crescimento constante em relação aos grupos de relacionamento, e em especial os externos à empresa. Algumas ações poderiam ser canais integrados de comunicação entre todos esses agentes, estimulando o envio de novas ideias e opiniões e compartilhamento de boas práticas.

Nunca perca o foco no cliente/usuário

Não se esqueça nunca da premissa que uma economia não é válida se ela atingiu negativamente a experiência do cliente. Quando olhamos para o modelo de economia tradicional, o mais importante para a empresa é a venda do produto, tipo, pagou, levou. Ao passo que quando falamos da economia compartilhada, o ponto principal, não é mais a simples venda, e sim a experiência positiva que o usuário deve ter para continuar utilizando o produto. E se você tem um alto fluxo de aluguel ou até empréstimo, fazer seu produto circular permitirá acessar um volume muito maior de informações a respeito de seu produto/serviço.

Esses feedbacks dos clientes são uma excelente forma de aprimorar e desenvolver novas funcionalidades para os seus produtos e serviços. Usar o conceito de economia colaborativa para lançar novos modelos de negócio é uma boa alternativa, a fim de dar mais agilidade para se obter informações relevantes, bem como na questão de custo. E esse público acostumado a esse mercado gosta de novidades e aceita bem esse papel de "tester" (na tradução literal, testador) e adoram fazer uma avaliação sem precisar adquirir o produto.

Gestão colaborativa interna na organização

O que seria uma construção de negócios em rede colaborativa? Seria encontrar maneiras novas e melhores de trabalhar juntos. Tal como um sistema que tem foco em mudanças que beneficiem um grande grupo, talvez até o seu concorrente, mas onde o todo será maior que esse mero detalhe. Ou um ambiente (físico e virtual) no qual grupos diferentes possam compartilhar conhecimento, formular ideias e descobrir oportunidades de interesses em comum. Conforme venho construindo com você nos degraus anteriores, o mundo BANI requer mecanismos que provoquem uma troca mais acelerada de conhecimento em prol de problemas comuns a um grande grupo, no qual as pessoas possam receber apoio e reconhecimento de seus papéis na mudança e novas possibilidades sejam sempre estimuladas.

Como falei desde o início desse degrau, qualquer negócio hoje é um elo de uma grande cadeia, que deve estar organizada para trabalhar no máximo de sinergia de forma interna e externa à empresa. Desse modo, hoje em dia se fala muito do modelo de gestão colaborativa interna, sendo uma tendência acelerada pelas mudanças pós-pandemia. Com o mercado mais dinâmico e competitivo, com modelo híbrido de trabalho, essa forma mais horizontal de gerenciar equipes e projetos tem se mostrado eficiente para acelerar soluções, compartilhar recursos, melhorar a produtividade e até reter talentos. Mas precisamos entender melhor esse modelo de gestão, pois como qualquer outro, não é uma receita de bolo fácil de replicar, já que há algumas situações e premissas da organização que precisam ser analisadas para se entender o que é o melhor caminho indicado para a empresa.

Para você construir melhor sua ideia, a gestão colaborativa permite maior influência das pessoas do time nas tomadas de decisão dentro do projeto que está participando, compartilhando opiniões e ideias sobre os processos decisórios. É um modelo de início, complexo de implantar, mas tende a ser uma boa opção, por exemplo, para alinhar expectativas de diferentes gerações dentro do mesmo ambiente. Quando avaliamos as duas últimas gerações (millennials e Z), observamos que os millennials (nascidos entre 1981 e 1995) têm expectativa de menos centralização no trabalho, voltando-se à valorização mais forte da liberdade e poder de opinião, além de doses maiores de reconhecimento. Eles também gostam de trabalhar em um ambiente colaborativo, em que todos podem ser ouvidos e crescer juntos.

CONSTRUINDO UMA REDE DE COLABORAÇÃO SEM PROPORÇÕES

Ou seja, eu não tenho medo nenhum em te afirmar que implantar uma gestão colaborativa é um grande passo para administrar, digamos, acomodar as diferenças e pontos de vista entre profissionais de várias gerações, pois a tendência ainda é nos próximos anos termos as quatro convivendo, mesmo invertendo a relação percentual entre elas. A gestão colaborativa se encaixa bem a essas necessidades. Nesse modelo, a estrutura hierárquica é branda e o direito de opinar se torna mais comum e bem aceito coletivamente. Na Figura 4, preparei uma figura bem útil para você relembrar as principais gerações, suas principais características e os fatos principais que influenciaram cada geração. É impossível falarmos de qualquer tipo de trabalho colaborativo sem aceitarmos que existem bruscas diferenças culturais entre as pessoas que trabalham juntas hoje em dia.

Geração	Baby Boomers	X	Y ou Millennials	Z
Nascimento	Após 1945 – Segunda Guerra	A partir da década de 1960	A partir da década de 1980	A partir da década de 1990 e início dos anos 2000
Palavra-chave	Estabilidade	Mudanças	Tecnologia	Conectividade
Características	Educação rígida, fortes valores de família, resistência a mudanças	Busca por liberdade, direitos e independência	Muito competitiva, ambiciosa e fácil adaptação	Individualidade, desapego, ansiedade, extrema facilidade com tecnologia
O que viveram	Fim da Segunda Guerra, reconstrução pós-guerra	Revolução sexual, movimento hippie, TV em cores	Internet, e-mail, celular e globalização	Era digital 100%, redes sociais, teoria de gênero

Figura 4: As diferentes gerações que convivem no ambiente de trabalho
Fonte: Criação do autor (Elementos do Office e imagens gratuitas no Canvas)

Essas diferenças existentes, que em um primeiro momento podem gerar alguns choques culturais ou até conflitos, têm seu lado positivo. Um deles com certeza é justamente a melhoria dos processos frente a essas diferentes visões sobre um mesmo problema que cada geração terá.

O bom resultado seria novas soluções incrementais ou disruptivas e o modo de trabalho ganhando novo corpo, numa forma verdadeiramente colaborativa. Essa promoção de trocas de aprendizados entre as gerações contribui para o progresso de todos. Por fim, novas soluções vão surgindo e ocorre uma reinvenção no modo de atuar da empresa que acaba se estabelecendo, trazendo nessa mesma avenida grandes insights de inovação.

Falando mais das duas últimas gerações que já são mais de 50% da força de trabalho, as principais diferenças entre os millennials (que chamamos de Y) e a geração Z (1995-2010) são muito voltadas para a questão tecnológica e a facilidade com novas redes sociais, ou seja, a geração Z já foi criada nesse espaço mais compartilhado. Isso porque já cresceu usufruindo das novas mídias e do mar de informações que elas passaram a trazer. Mas isso não quer dizer que as gerações X e Y não utilizem, a discrepância é que essas têm um desafio em transformar a tecnologia em modelo mental de trabalho.

Mas como construir de forma consistente a gestão colaborativa respeitando a curva de aceitação natural das pessoas e da organização? Quais seriam os principais passos? Descreverei a seguir alguns pontos relevantes por onde você pode iniciar.

Clareza na estratégia

A estratégia e pontos inegociáveis da cultura devem estar claros para todos, pois por mais que estejamos falando de gestão colaborativa, que estimula a participação do grupo e de novas ideias, logicamente todo esse movimento deve estar alinhado ao objetivo comum e à estratégia do time ou da organização. Esse é o ponto de partida no qual os colaboradores compreendem e vivenciam uma experiência conjunta com base no propósito da empresa, e aí sim podem contribuir de maneira efetiva para o seu sucesso.

Lembrando que "ter os objetivos claros" é apenas o bom início, o segundo passo é de fato comunicar de forma clara e para todos os níveis os valores institucionais, como visão e missão. Assim, isso tudo vira um mero quadro na parede se o time não enxergar atitudes na liderança que confirmem esses valores.

Plante continuamente a semente da transparência

É impossível falar de ambiente colaborativo sem promover um ambiente crescente de confiança e transparência. Isso está muito ligado à forma efetiva de comunicação, se, por exemplo, as áreas sabem e compartilham as mesmas informações, onde decisões importantes são apresentadas rapidamente, num processo menos hierárquico. O modelo colaborativo será apoiado ou não pelas pessoas, dependendo do nível de segurança que elas sentirem, no que se refere à seriedade que os líderes conduzem o processo. Metas claras, algumas coletivas, por exemplo compartilhadas entre pares, é um bom caminho para direcionar o time para a cultura colaborativa. O foco comum em atingir a meta geral faz com que melhore a conexão em toda a empresa, sobrepondo finalidades individuais de interesse de uma só área. Isso se torna um facilitador para criar um ambiente de plena colaboração em que todo mundo troca experiências e conhecimentos.

Acelere esse processo de colaboração recompensando de alguma forma

O passo de reconhecer sempre será importante em qualquer processo de construção e desenvolvimento, seja pessoal ou profissional. É fundamental que se busque criar um processo quase contínuo de reconhecimento (a chamada meritocracia) que leve em consideração as entregas individuais, bem como aquelas que dependem do coletivo. As doses menores, mas constantes, são certamente mais eficazes do que grandes eventos muito espaçados. Esse estímulo não precisa estar atrelado apenas a valores financeiros (remunerações variáveis). Lembre-se, as gerações mudaram, nem tudo é só pelo dinheiro (mas também é ótimo).

Para acelerar o processo colaborativo, além de cobrar e ter metas claras, é necessário motivar e inspirar o time. Quando você for pensar em incentivo para seu time, que certamente terá uma mistura de gerações, não deixe de dar uma olhada nesta lista a seguir:

- ✓ Horários flexíveis de trabalho e jornada híbrida.
- ✓ Cursos e treinamentos de capacitação que os mantenham atualizados.
- ✓ Tabelas mais agressivas de remuneração variável, que recompensam em maior proporção resultados de fatos diferenciados.
- ✓ A possibilidade de fazer uma especialização a longo prazo.
- ✓ Trilha de carreira: as novas gerações querem saber, se possível, data e horário que serão promovidos. Fato impossível, mas é bom ter uma perspectiva que mostre que é possível, mas que dependam deles.
- ✓ Enxergar que não há feudos, onde as pessoas podem migrar para áreas diferentes, desde que se qualifiquem para isso.
- ✓ A possibilidade de se candidatar a cargos fora de seu país de origem, se for uma multinacional.
- ✓ Cultivar um ambiente de trabalho não tóxico.

Líderes fortes que priorizam formar outros líderes

Um grupo forte e colaborativo está totalmente ligado ao perfil do líder. Há um ditado em que eu acredito muito que diz: "A transformação plena de um CNPJ começa com a liderança forte de um CPF." A união do grupo e o direcionamento para o sucesso somente são possíveis quando há lideranças fortes a frente dessas equipes. A escolha dos líderes que vão desenvolver os grupos na base de exemplo e atitude será fundamental para definir a velocidade da curva de trabalho colaborativo que queremos construir. Esse líder tem a importante missão de moldar os comportamentos do time, tendo a sensibilidade de identificar e resolver as questões de relacionamento que podem desviar o bom andamento da construção de um ambiente colaborativo.

Enfim, busquei aqui retratar os principais caminhos e alicerces para a construção inicial de uma gestão colaborativa interna. Mas a sua avaliação específica, considerando sua cultura e seu time, é de extrema importância para traçar a sua estratégia inicial.

O poder da Metodologia OKR

Eu não poderia encerrar este degrau sobre gestão colaborativa sem falar da metodologia OKR, um acrônimo para *Objectives and Key Results* (em português, objetivos e resultados-chave), um modelo para gestão ágil de desempenho que tem sido difundida, tendo muita conexão com a visão de gestão colaborativa. Mas a minha missão aqui é ingrata, pois é um tema extenso e existem literaturas muito boas e específicas sobre a aplicação de OKRs. Portanto, seguirei a linha que tenho feito aqui, que é de te conectar o máximo ao que é relevante no mindset de um líder exponencial. O aprofundamento de alguns temas (como este de OKR, por exemplo) será uma jornada que você terá que seguir com determinação ao longo de sua carreira.

Podemos começar dizendo que o OKR é um modo se fazer gestão bem completo, pois soma na sua estrutura pilares e rituais, obtendo foco nos pontos mais críticos das organizações, como alinhamento estratégico claro, boa comunicação entre as áreas do negócio, engajamento pleno de colaboradores e senso de propósito coletivo. Calma, não é uma poção mágica, mas uma ferramenta incrivelmente robusta; se bem utilizada, o simples, faz a diferença.

Definição do que é OKR e um pouco de sua história

O OKR teve como pai nada menos que Andrew Grove na década de 1970, presidente da Intel, e foi descrito por ele em seu livro *Administração de Alta Performance*, no qual ele narra seus desafios em gerir metas e conduzir alinhamentos com as equipes de trabalho. Essa metodologia foi uma arma poderosa para acompanhar e não perder o rumo frente à curva de avanço tecnológico, que naquela época já era ascendente na área de tecnologia.

Tal metodologia avançou sua difusão no final da década de 1990, quando John Doerr, um dos mais importantes investidores de risco do mundo, depois de conhecer a metodologia por meio da Intel, apresentou o modelo para Larry Page e Sergey Brin, que começavam uma empresa interessante, uma tal de Google. Eles se entusiasmaram, viram utilidade no modelo para seu negócio, e a prática se tornou uma referência na companhia, e a história do Google não preciso contar, saiu de 40 pessoas no seu início para 60 mil atualmente. E outras gigantes, como Adobe, Microsoft, Twitter, LinkedIn e Slack, tiveram um crescimento acima do mercado, utilizando também a metodologia OKR.

Sendo assim, a grande notícia que tenho para te dar aqui é que se você entender o conceito base, poderá empregar na sua empresa ou até em projetos pessoais. Gosto muito da definição que li de um artigo de Bruno Perin, autor do fantástico livro *A Revolução das Startups*: "OKR é uma maneira de definir aonde você quer chegar e o que você não precisa fazer. É uma linha norteadora, um mapa para dar foco ao que dizemos 'sim' e ao que dizemos 'não'."

Para facilitar o seu convencimento, apresento na Figura 5 um resumo dos principais benefícios dos OKRs para organizações e pessoas.

Benefícios dos OKRs para a pessoa e para as organizações

FOCOS ESPECÍFICOS QUE DIRECIONAM TODOS.

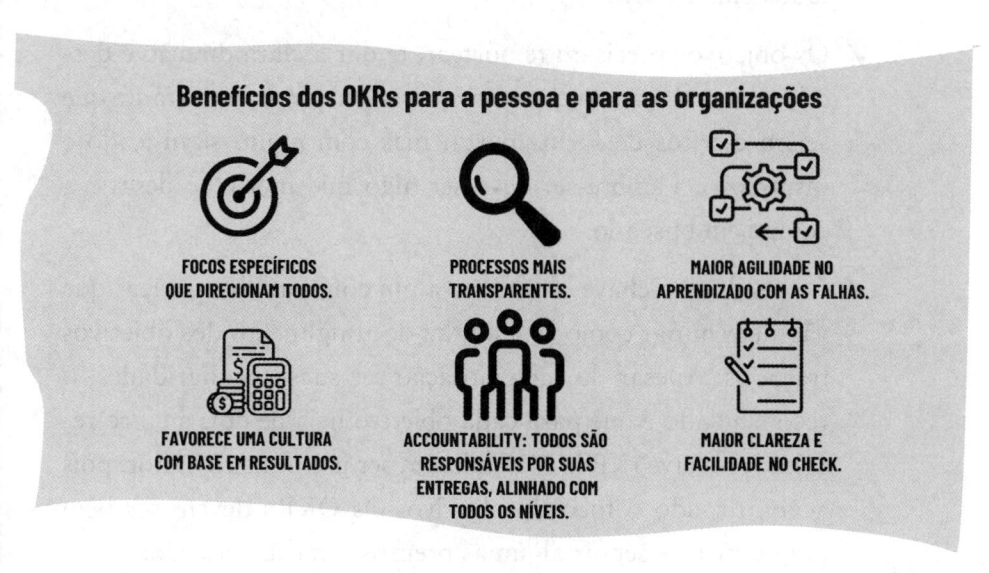

PROCESSOS MAIS TRANSPARENTES.

MAIOR AGILIDADE NO APRENDIZADO COM AS FALHAS.

FAVORECE UMA CULTURA COM BASE EM RESULTADOS.

ACCOUNTABILITY: TODOS SÃO RESPONSÁVEIS POR SUAS ENTREGAS, ALINHADO COM TODOS OS NÍVEIS.

MAIOR CLAREZA E FACILIDADE NO CHECK.

Figura 5: Benefícios dos OKRs
Fonte: Criação do autor (imagens gratuitas no Canvas)

✓ A estrutura básica do OKR: John Doerr, que introduziu o OKR na Google e autor do livro *Avalie o que Importa*, indica a seguinte estrutura para iniciar a estruturação de um OKR:

Eu vou (objetivo)_____ medido por (resultados-chave)_____.

O princípio defendido por Doerr é que uma meta bem definida deve te direcionar ao que você fará e o modo como você medirá seu resultado. Ou seja, é dado o foco no "o que" e no "como". Tenha atenção aqui na palavra-chave "medido por", pois é essa medição que te dará uma meta real, se não for assim, você só tem um desejo.

A seguir, alguns pontos importantes que quero destacar a respeito de como construir os OKRs:

- ✓ O OKR tem dois pontos principais: o objetivo (O) e os resultados-chave (KR).
- ✓ Os objetivos precisam te nortear, te dar a clara direção e descrição em relação ao que você quer alcançar. É importante que sejam escritos de forma curta, mas com muito significado e inspiração. Lembre-se, deve ser algo que motive e desafie a equipe em buscá-lo.
- ✓ Os resultados-chave se referem a um conjunto de métricas que vão determinar como está o grau de atingimento dos objetivos traçados. Apesar de cada situação ter suas peculiaridades, o recomendado é que para cada objetivo haja de dois a cinco resultados-chave (KRs). Não adianta ser um número maior, pois acaba tirando o foco do objetivo. Os OKRs devem ser bem pragmáticos e seguir algumas premissas na sua criação:

➢ Todos devem, obrigatoriamente, conter números, serem mensuráveis.

➢ Os OKRs devem ser mutuamente acordados entre líder e equipe.

➢ Quando desdobramos, o ideal é que se tenha, no máximo, de três a cinco objetivos, tendo entre dois e cinco resultados-chave para cada objetivo.

➢ Os OKRs devem ser de curto prazo, em que metas estabelecidas são reavaliadas, no máximo, a cada trimestre.

➢ Todos os resultados-chave devem ser quantitativos e mensuráveis. Se não tem um número, não é um KR.

Vejamos um exemplo:

Objetivo: aumentar as vendas do livro *Resiliência Ágil* em 30%.

Bem claro, certo? Se vendo, por exemplo, 1000 exemplares por mês, meu objetivo é passar a vender 1300.

Vamos avaliar: para aumentar essas vendas, é preciso pensar em frentes que eu possa fazer para alavancar esse objetivo. Com tal pensamento, começo a definir alguns resultados-chave. Certas opções poderiam ser:

1. Aumentar a propaganda paga nos canais de mídia principais, direcionando-as para um canal de venda, como a Amazon, onde cresceria o valor do livro em 50%.
2. Elevar a frequência de posts com conteúdos relacionados ao livro, nos principais canais de mídia social (postar diariamente, ao invés de 3x/semana).
3. Expandir a venda direta do livro fazendo um maior número de palestras em locais de concentração do público-alvo (universidades, empresas com interesse na metodologia Scrum), onde efetuo a venda no local (subindo de 5 eventos/mês para 10 eventos/mês).
4. Planejar uma campanha de descontos junto à editora em datas de expressiva venda (por exemplo, Dia das Mães, Dia dos Pais, Black Friday e Natal).
5. Fazer live semanal, relacionada ao conteúdo do livro, e promover sorteio de exemplares (hoje não faço nenhuma live).

Observe que todos esses "key results" são mensuráveis. Vamos escrever de uma forma resumida:

VOCÊ, UM LÍDER EXPONENCIAL!

OBJETIVO: Aumentar as vendas do livro *Resiliência Ágil* (meu segundo livro) em 30%.

KR1 — Aumentar a propaganda paga nos canais de mídia em 50%.

KR2 — Aumentar a frequência de posts com conteúdos do livro de 3 para 7 vezes/semana.

KR3 — Aumentar a venda direta do livro com mais palestras: de 5 para 10 palestras por mês.

KR4 — Planejar uma campanha de descontos junto à editora em datas de expressiva venda.

KR5 — Fazer live semanal, relacionada ao conteúdo livro e promovendo sorteio de exemplares.

Figura 6: Exemplo de OKR
Fonte: Criação do autor (Elementos do Office)

E que tal pensarmos em um OKR de cunho pessoal?

Exemplo de projeto pessoal:

- ✓ Objetivo: reduzir 8kg para chegar a um IMC saudável.
- ✓ KR1: diminuir o consumo de fritura de 3 vezes por semana para uma vez a cada 15 dias.
- ✓ KR2: fazer treino na academia 3 vezes por semana.
- ✓ KR3: moderar a carga horária de trabalho de catorze para dez horas por dia.
- ✓ KR4: zerar o consumo de açúcar refinado.
- ✓ KR5: aumentar a caminhada no parque de 1 vez para 3 vezes por semana.

Utilizando o OKR para melhorar a gestão participativa

Um ponto importante é que quando conseguimos envolver nosso time, as pessoas se sentem mais valorizadas e pertencentes à organização. As diretrizes, além de compartilhadas, também são pensadas e concebidas pelas equipes envolvidas.

Algumas dicas para implementar sua empresa seriam:

- ✓ *Organizar o cenário:* como todo conhecimento novo, é preciso iniciar explicando de forma simples e transparente o propósito, o porquê é necessário estruturar melhor os objetivos e metas. Na sequência, você pode conduzir um pequeno treinamento do conceito da metodologia (com um exemplo simples como te apresentei aqui). Importante destacar o benefício de engajar mais o time e a forma colaborativa de se trabalhar.

- ✓ *Deve-se ter metas claras e específicas:* essas metas definidas pela alta administração devem deixar muito claro qual caminho base a organização quer seguir. Isso é de extrema importância para que os colaboradores se sintam mais engajados e motivados a alcançarem os objetivos que serão traçados.

- ✓ *Identifique os objetivos:* você pode fazer um *brainstorm* para determinar alguns objetivos particulares, tomando o cuidado de eles terem relação direta com as metas. Nesse momento, seja ambicioso para estimular o time a aceitar serem desafiados. Os KRs devem também ser escolhidos de forma cuidadosa pela equipe tomando o cuidado para entender os responsáveis envolvidos em cada KR.

- ✓ *Busque dividir os objetivos em bottom-up (visão do time) e top down (visão gestor acima):* os objetivos não devem ser definidos só pela alta administração. A sugestão é que seja no máximo 40%, e o restante pela equipe que executará, mas sempre mantendo o alinhamento com as principais metas. Isso é vital para o engajamento, pois reforçará o envolvimento do time, fazendo eles definirem seus próprios OKRs (sua visão específica de contribuição).

- ✓ *Defina prazos curtos:* importante trabalhar com ciclos de períodos curtos, como, por exemplo, trimestral. Isso torna o processo mais dinâmico, ficando mais tangível, e permite uma correção de rota mais rápida (visão ágil). Se for a primeira rodada, deve-se fazer um ciclo ainda mais curto, com objetivos de 30 a 45 dias, como se fosse um primeiro treino.

- ✓ *Deixe os OKRs à vista para todos:* eles devem ser vistos como um instrumento de transparência frente aos objetivos e metas da empresa, portanto, precisa ser exposto e atualizado com frequência. É o seu placar.

- ✓ *Acompanhe e avalie os resultados em ciclos curtos e reconheça o time:* é vital reconhecer os bons resultados e as pessoas responsáveis. Pode ser uma excelente forma de identificar o potencial da equipe.

Esses passos vão te ajudar a consolidar essa prática de uso dos OKRs e contribuirão com o processo de melhoria contínua da empresa e cultura de gestão colaborativa. Como falei no início, esses são os primeiros passos. Existem excelentes conteúdos específicos de abordagem do tema OKRs, que inclusive indico nas referências bibliográficas.

Você, acelerando sua curva exponencial

🏌 O essencial desse degrau:

✓ Assimile bem as principais características de uma organização exponencial. Tente comparar com o modelo atual de sua organização:

- Movidos pelo mesmo propósito e paixão.
- Foco em resolver um problema de interesse coletivo.
- Solução encontrada tende a ser inédita, disruptiva e de rápida adesão em massa.
- Modelo capaz de escalonar custos marginais bem abaixo da média.
- Rompimento do conceito anterior daquele negócio.
- Foco no coletivo e sustentável.
- Testes e evolução contínua com base no aprendizado dos erros.
- Times unidos por grande propósito coletivo.

✓ Lembre-se dos principais elementos para iniciar uma gestão interna colaborativa:

- Transparência na estratégia e pontos inegociáveis da cultura. Tenha e divulgue claramente para todos os níveis.
- Metas claras por níveis, algumas coletivas, compartilhadas entre pares.
- Aceleração do processo de colaboração, recompensando de alguma forma (fundamentos da meritocracia).
- Cultura de desenvolvimento dos líderes sucessores.

✓ Sobre OKRs, seus principais pontos:

- Dois pontos principais, o objetivo (O) e os resultados-chave (KR).
- Objetivos te dão a clara direção e descrição em relação ao que você quer alcançar.
- São escritos de forma curta.
- Os resultados-chave vão medir como está o grau de atingimento dos objetivos traçados.
- Para cada objetivo, deve-se ter de dois a cinco resultados-chave (KRs).
- Os OKRs devem conter números, serem mensuráveis.
- Os OKRs devem ser mutuamente acordados entre líder e equipe.
- Devem ser de curto prazo, em que metas são reavaliadas, no máximo, a cada trimestre.
- Os KRs precisam ser quantitativos, mensuráveis e acompanhados com frequência.

Gatilhos para sua curva de crescimento exponencial

Pensando em gestão colaborativa, o que você poderia fazer de imediato para iniciar essa transformação positiva interna em você?

✓ Clareza na estratégia e pontos inegociáveis da cultura.

No seu negócio atual. Cite dois ou três pontos da estratégia ou cultura que são prioridades inegociáveis. Para te ajudar, citarei aqui dois exemplos fictícios:

1. Além de metas atingidas, ter um time engajado e em contínuo aprendizado.
2. Nada é mais importante do que os valores integridade, segurança e qualidade.

CONSTRUINDO UMA REDE DE COLABORAÇÃO SEM PROPORÇÕES

Registre aqui as suas condutas. Se não souber ou não tiver, tente rascunhar de dois a três pontos de sua estratégia ou cultura que façam sentido como norteadores de seu negócio.

_____
_____
_____
_____

Agora um ponto crucial: se você tem esses pontos estratégicos definidos, o quanto eles estão disseminados na sua equipe, na sua organização? Pense e liste aqui abaixo duas ações para fazer uma maior disseminação deles.

_____
_____
_____
_____
_____

✓ Exercite o conceito de OKR e desenvolva um aqui:

Eu vou _____ (Objetivo)

medido por _____ (Resultados-chave)

KR1:
_____

KR2:
_____

KR3:
_____

VOCÊ, UM LÍDER EXPONENCIAL!

Revisite os exemplos que coloquei aqui. Lembre-se de que para cada objetivo deve-se ter de dois a cinco KRs. Todos precisam ser mensuráveis.

✓ Acelerando o processo colaborativo e recompensando de forma efetiva, pense e cite três coisas (benefícios) que você valoriza e te motivaria ter, além de sua remuneração fixa direta (caso tenha). Se ajudar, consulte a lista que coloquei aqui nesse degrau.

- _____
- _____
- _____

Agora, que tal pensar na sua equipe. O que eles responderiam?

DEGRAU 6

Inteligência emocional – Não surte! Entenda a base que o sustenta para enfrentar esse mundo BANI

Descubra o tempo todo quais são seus limites, não para se frustrar, mas para se desenvolver continuamente. Isso é o mindset de crescimento.

Este é um degrau de extrema importância, no qual abordarei aqui a parte tão vital, que é sua base emocional, que será um grande pilar de sustentação para superar esses grandes desafios do mundo BANI que te testará o tempo todo. Nos degraus iniciais, já relacionei alguns pontos importantes da parte emocional do líder, como, por exemplo, a visão antifrágil, que vai além da resiliência, e também dos quatro pilares do líder exponencial.

Um ponto que já quero trazer é que o grande primeiro passo para seu equilíbrio emocional é: seja leve com você mesmo, permitindo-se aceitar que nunca estará 100% preparado emocionalmente, e que isso é absolutamente normal. Tal tópico, que foi abordado nos meus livros anteriores sobre o mindset de crescimento, absorve os aprendizados constantemente, tornando-se sempre mais forte. Esse aprendizado continuado é o que se está chamando hoje da visão de *lifelong learning* (aprendizado ao longo de toda a vida), e que tratarei melhor no próximo degrau.

Em resumo, o ponto principal de seu equilíbrio emocional é: estar preparado o tempo todo para se estabelecer e se adaptar para as mudanças que virão. Soa um tanto esquisito, mas essa é a grande mensagem, pois a capacidade de se ajustar será muito mais importante do que qualquer tentativa de futurologia, ou seja, de tentar prever o futuro exato, o que é um grande gatilho de ansiedade atualmente para líderes e equipes.

As características principais da base emocional da liderança do futuro: o equilíbrio do triângulo das competências

No meu livro *A Tríade da Competência,* um dos pontos-chave que abordei foram as principais competências que usamos quando se estabelece um equilíbrio, enriquecendo sua performance. Essas três macrocompetências são o método, a liderança e o conhecimento técnico.

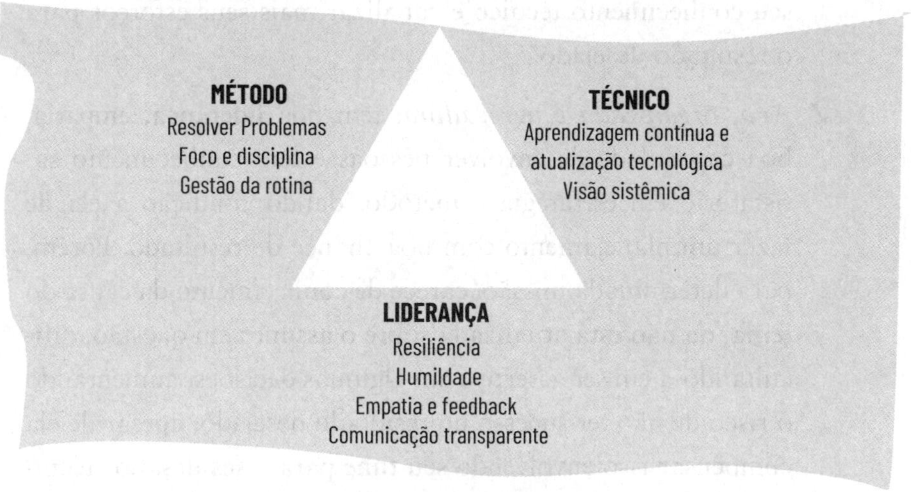

MÉTODO
Resolver Problemas
Foco e disciplina
Gestão da rotina

TÉCNICO
Aprendizagem contínua e
atualização tecnológica
Visão sistêmica

LIDERANÇA
Resiliência
Humildade
Empatia e feedback
Comunicação transparente

Figura 7: A Tríade da Competência
Fonte: Criação do autor (Livro do autor "A Tríade da Competência" — Editora Alta Books)

Esse equilíbrio se deve pelo fato de que essas competências, caso você tenda a ter "um dos lados" mais desenvolvido, não vão cobrir a carência do "outro lado" que você não está tão bem e irão, com certeza, desequilibrar seu triângulo das competências. Para deixar claro isso, vamos supor que eu pudesse criar alguns personagens, e que cada um deles tenha deficiência em determinado lado do triângulo.

✓ *Jorge, o técnico fazedor*: é um profissional que tem um bom conhecimento da área onde atua, tem muita atitude no que faz. O muro que tiver na frente dele será derrubado, pois não desiste facilmente de seus objetivos, e por essa energia, ele tem a admiração instantânea de muitos à sua volta. Mas avaliando a sua performance ao longo do tempo, parece "patinar" em alguns pontos, tendo dificuldade de planejamento e consequentemente na priorização de seus atos, logo seu resultado pende a ser inconsistente. Este personagem tem uma carência no lado esquerdo do triângulo de competências, faltando conhecimento de método para ordenar melhor suas atitudes, potencializar seu conhecimento técnico e canalizar mais seus esforços para o resultado desejado.

✓ *Ana, organizada e agregadora:* tem boa liderança, empatia, boa capacidade de envolver pessoas e tem conhecimento satisfatório em estratégia e método, dando condição a ela de fazer um planejamento com boa chance de resultado. Porém, para determinada missão, carece de conhecimento da causa do tema, ou não está atualizada sobre o assunto em questão, dificultando-a em ser assertiva em algumas decisões, aumentando o risco de não ter sucesso no resultado desejado, apesar de ela compensar isso envolvendo seu time para esses desafios técnicos. Mesmo assim, o seu *lado direito* do triângulo deve ser fortalecido, dando mais base de conhecimento técnico para gerar mais consistência em seus projetos e coerência na execução.

✓ *João, firme e intenso, até demais:* tem ótimo conhecimento técnico e bom domínio estratégico, mas tem lacunas em seu relacionamento com pessoas, baixa assertividade em alguns momentos, podendo até soar como arrogância e, para piorar, sua comunicação deficiente gera falta de transparência e confiança na equipe. A *base* de seu triângulo de competências deve ser trabalhada no sentido de fortalecer seu lado emocional e de inter-relações.

Acho que ficou mais claro minha abordagem sobre o equilíbrio desse triângulo, certo? Você pode até ter se identificado mais com algum desses personagens, mas lembre-se de que essas deficiências podem ser situacionais, ou seja, podem estar acontecendo em um determinado momento da sua carreira, de acordo com o contexto em que você está inserido. Veja que no triângulo desdobrei cada um dos três lados, no que chamei de "características-chave" (total de nove), para facilitar o entendimento e aprendizado. E essas características são extremamente convergentes com todas as outras skills que já abordei até aqui, que são necessárias para enfrentarmos esse mundo BANI, inclusive com os quatro pilares do líder exponencial abordados no Degrau 1.

AS CARACTERÍSTICAS DESDOBRADAS NA TRÍADE DA COMPETÊNCIA SE ENCAIXAM NOS PILARES DO LÍDER EXPONENCIAL.

Método
- Aptidão para resolução de problemas
- Experimentação
- Foco e disciplina

Pilar Futurista

Pilar Tecnológico
- Atualização tecnológica

Técnico

Liderança
- Humildade
- Empatia
- Resiliência
- Comunicação

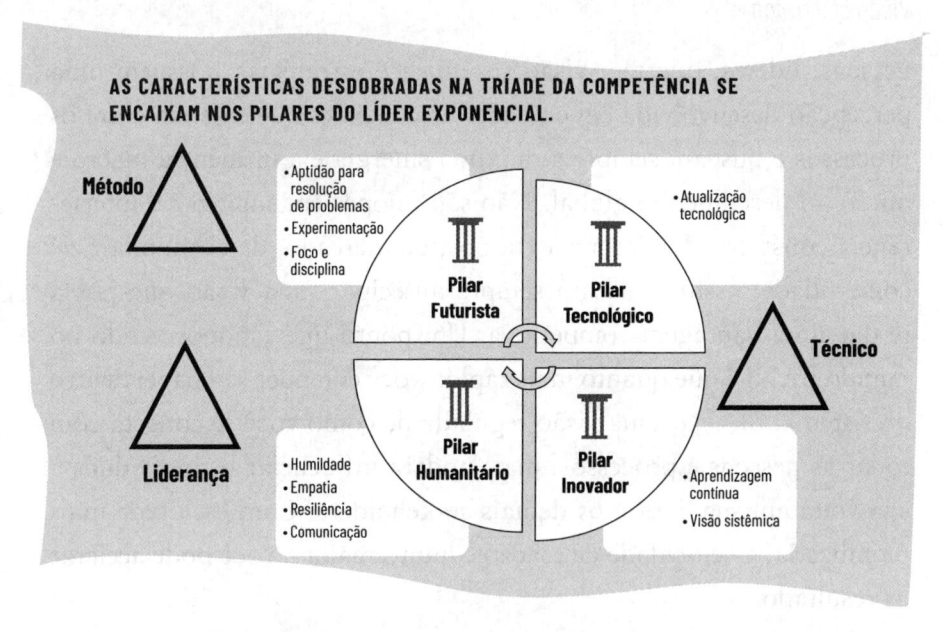

Pilar Humanitário

Pilar Inovador
- Aprendizagem contínua
- Visão sistêmica

Figura 8: A tríade da competência e os 4 pilares do líder exponencial
Fonte: Criação do autor (Elementos do Office e imagens gratuitas no Canvas)

✓ *Conhecimento técnico:* 1) visão sistêmica e 2) aprendizado contínuo/atualização tecnológica.

✓ *Método:* 3) foco/disciplina, 4) resolução de problemas e 5) gestão da rotina.

✓ *Liderança:* 6) humildade, 7) empatia, 8) resiliência e 9) comunicação transparente.

Vamos falar um pouco sobre cada umas dessas características e a importância no seu desenvolvimento contínuo.

Características desdobradas da competência de conhecimento técnico

Visão sistêmica

Pessoas, líderes, que têm visão sistêmica e estratégica possuem uma percepção desenvolvida em entender as conexões que existem entre os processos e buscam sempre a máxima sinergia e a influência macro e micro no desempenho global. Não são míopes em subjugar a interferência constante dos fatores externos, de mercado, de economia e de comunidade, assim, buscam sempre antecipar uma visão que possa te dar uma vantagem competitiva. Um ponto que estamos vendo no mundo BANI é que quanto mais rápido você entender seu papel dentro do sistema, ou seja, uma visão regulada de como você se conecta com todas as pessoas e processos, mais poderá influenciar os indivíduos a sua volta em sua área e os demais stakeholders. Com essa rede mais mobilizada, a velocidade de reação é muito maior e você pode acelerar os resultados.

Aprendizado contínuo/atualização tecnológica

Essas características estão diretamente ligadas aos pilares inovador e tecnológico do líder exponencial. Dedicarei o Degrau 7 para falar sobre as principais técnicas de instrução, para acelerar sua curva de aprendizado, que será cada vez mais decisiva para sua carreira e seu pessoal. É a garantia de que continuaremos atualizados e competitivos frente a veloz onda de globalização e mudança tecnológica. Investir em constante aprendizado é fundamental e, hoje em dia, com toda a facilidade de acesso aos conteúdos de informação, essa missão fica relativamente mais fácil do que por exemplo há 20 anos. Esse aprendizado constante te direcionará a uma maior produtividade, tendo em vista que tudo de novo que você aprende te ajudará a aumentar a "caixa de ferramentas" disponível quando precisar enfrentar algum desafio.

Características desdobradas da competência método

Foco/disciplina

O caminho entre a iniciativa e a esperada "acabativa", que seria um termo informal para expressarmos a capacidade de finalizar com sucesso uma iniciativa, passa pela disciplina. Essa magnífica palavra vem do latim *disciplina*, que significa o ato de se controlar a alguém ou a si próprio. Além disso, é uma palavra derivada de "discípulo", que é aquele que recebe ensinamento de um mestre. E mais ainda, temos também o verbo "disciplinar", que não é cobrar para exigir o resultado esperado, mas sim conduzir as pessoas ao caminho certo, ajudando-as a ser o melhor que podem ser. Veja o pilar humanitário do líder exponencial aparecendo.

Desse modo, uma pessoa naturalmente "fará acontecer" se tiver a iniciativa de guiar o time pautado no entendimento que o consecutivo esforço levará ao resultado esperado. A disciplina vem no ato de repetir o mesmo esforço com a consciência de que cada vez que se repete torna-se uma importante parte para se chegar ao objetivo final. Muitas vezes ter foco e disciplina é tomar uma atitude até que algo aconteça e não fazer para que aconteça. Ao explorarmos mais a palavra disciplina, podemos associá-la a treinamento, que é um ato nobre de um líder, o qual demonstra que este se importa com as pessoas e em fazê-las entender o propósito coletivo do objetivo. Ser disciplinado é o mesmo que se preparar para seus objetivos. Assim, a disciplina não existirá numa equipe onde o líder não qualifica continuamente seu time.

Resolução de problemas

Vamos começar com uma definição bem clara do que é um problema: é a diferença entre a situação atual e o objetivo ou meta. Acima de tudo, um líder, junto ao seu time, tem o compromisso de atingir o resultado planejado, de forma que qualquer desvio desse alvo pode ser considerado um problema, que deve ser cuidadosamente avaliado, e, com isso, traçado uma estratégia de correção de rota (falamos agora pouco dos OKRs, que nos ajudam nisso). Nesse atual mundo BANI, reconhecer rapidamente que temos um problema é algo que devemos ter sempre como uma atitude proativa que leva um líder a racionalizar seus recursos para reverter a situação em que essa rápida reação pode ser até um diferencial competitivo.

Gestão de rotina

Em um contexto organizacional, pode-se definir a gestão de rotina como sendo o controle diário e sistêmico dos indicadores-chave que tiveram origem no desdobramento da estratégia dessa organização, junto ao acompanhamento dos principais projetos e ações desdobrados para atingir o resultado planejado. Esse gerenciamento deve estar estruturado por nível hierárquico, por exemplo, gerência, supervisão, operação. O grande foco é a verificação diária dos resultados das metas, especificações dos clientes e, no caso de desvio, uma rápida ação corretiva. Quanto mais esse ciclo for ágil em checar e identificar os resultados, mais efetiva será a correção de rota, se necessário.

Características desdobradas da competência liderança

Humildade

A humildade desenvolve muito a autorreflexão e o autoconhecimento. O líder humilde sabe reconhecer as suas limitações exatamente nos pontos ou partes que outras pessoas o ajudaram em determinado feito. Caso suas conquistas sejam reconhecidas, ele rapidamente reconhece a contribuição dos outros e facilmente cede o crédito. Além disso, ele não busca culpados num evento de insucesso. A humildade é capaz de equilibrar suas necessidades individuais com as de seu time. Quando os colaboradores distinguem que o líder faz todo o possível para atendê-los, colocando-se no lugar das pessoas da sua equipe, eles retribuem dando o seu melhor para atingir os resultados que a empresa precisa alcançar. Ao passo que se valoriza essa necessidade individual, as opiniões tenderão a ser mais ouvidas, as boas ideias vão ter mais chances de serem aproveitadas.

Empatia

Empatia tem sido uma das mais unânimes características apontadas como essenciais para o líder do futuro. Podemos defini-la como a capacidade de um indivíduo de se colocar no lugar do outro, entender a maneira como o semelhante se sente, atua e interage com situações, pessoas e acontecimentos. Só o simples fato de você, líder, aceitar que cada indivíduo pensa diferente e tem sua própria maneira de enxergar a vida e lidar com determinadas questões, já flexibiliza uma afirmação unilateral de certo e errado. O "ter razão ou não" passa a ser algo dependente do ponto de vista em questão.

Se você tentar praticar diariamente a atitude de compreender a perspectiva das outras pessoas com as quais convive ou trabalha, isto te dará a chance de conhecer outros aspectos sobre algumas situações que talvez não estejam contempladas no seu ponto de vista atual. É fato que ninguém vive uma vida inteira apenas com os ensinamentos que recebeu em casa ou na escola, portanto, se interessar em entender melhor o que se passa ao seu redor ajuda a te moldar ao longo do tempo, adquirindo mais experiência e desenvolvendo sua empatia, além de gerar mudanças positivas para você e para outros com quem convive. Isso não é algo simples de se fazer, é um exercício paciente e diário para se fazer em toda oportunidade que tiver, seja em situações pessoais, com a família, em grupos sociais que frequenta ou no trabalho.

Resiliência

O que falei aqui do antifrágil, não invalida o valor da resiliência. Desenvolver a atitude de ser resiliente te ajudará a melhorar o equilíbrio emocional em situações de pressão. Uma pessoa com resiliência equilibrada é alguém capaz de agir de forma proativa, desenvolvendo uma performance para manter o foco nos objetivos traçados, ao contrário de simplesmente reagir diante dos efeitos das mudanças. Esse desenvolvimento passa a melhorar o controle da parte comportamental a fim de manter a racionalidade em situações adversas, e isso envolve controle do estresse emocional, não verbal e a forma de comunicar no momento de crise. Os líderes com resiliência desenvolvida controlam melhor os sentimentos e pensam, friamente, em soluções para os desafios, inclinando-se para a tendência de agir menos por impulso, não tirando o foco de seu trabalho.

Se você quer desenvolver resiliência, aprenda com as situações difíceis. Em qualquer situação de dificuldade ou desafio pense ou até mesmo escreva sobre qual aprendizado você teve com aquela experiência ruim, seja uma apresentação, uma entrevista, um projeto, uma reunião, uma prova ou até um relacionamento, enfim, o que você tirou de proveito para incorporar na sua inteligência emocional, para não repetir o mesmo erro. Às vezes são coisas muito simples, mas que precisam ser internalizadas e praticadas.

Comunicação transparente

A comunicação sempre é uma competência muito discutida e um tema frequente de autores e de muito interesse de todos nós em qualquer momento da carreira, ainda mais com a mídia evoluindo em uma velocidade intensa e cada vez com mais penetração em todos os meios. Se a comunicação não for bem-sucedida, o estrago feito não será simples de se bloquear ou reverter seus efeitos de interpretação e poder mudar o rumo dos fatos, seja numa empresa ou entre indivíduos. O ato de se comunicar bem se tornou cada vez mais complexo. Um ponto importante aqui é diferenciar o ato de falar e o de comunicar.

A fala é um recurso natural que todos nós temos, e na verdade é um dos componentes da comunicação como um todo. Na comunicação temos a parte verbal, a não verbal (gestos, tom de voz, semblante) e a escrita. O desafio de se comunicar é se expressar por meio da fala e de uma mensagem assertiva, provocando uma reação no ouvinte. Pois um dos pontos mais importantes de uma comunicação eficaz é quando ela transforma a atitude das pessoas. Se a comunicação apenas muda as ideias do grupo e até da organização, mas não provoca nenhuma alteração de comportamento, então ela não atingiu seu resultado mais esperado.

A principal mensagem que quero te passar aqui é que uma estabilidade emocional se constrói com uma base de equilíbrio de competências. Equilíbrio tem origem do latim *aequilibrium*, que significa colocar em cada prato da balança o mesmo peso, não pendendo mais para nenhum lado. É uma definição que se encaixa muito bem ao mundo atual com muitas incertezas, ao gerar uma grande onda de ansiedade, no qual o equilíbrio de seus "pratos" te dará sustentação para enfrentar tudo isso. Para você se convencer de como é importante a estabilidade dessas competências, pense em líderes que você de fato admira e até se espelha, e então avalie rapidamente como eles se apresentam dentro desses três aspectos. Acredito que haverá uma grande chance de você avaliar que esses líderes que você aprecia têm em sua maior parte o equilíbrio de competências que os sustentam emocionalmente.

Liderança servidora: a serviço do desenvolvimento e equilíbrio emocional das pessoas

Estou falando aqui o tempo todo do equilíbrio emocional que o líder deve ter para conduzir as equipes, mas faça uma análise dos exemplos que você teve que contribuíram com a sua formação emocional. Certamente, você teve vários estilos de liderança, como aquele líder mais centralizador, mais "mandão", aqueles gênios da inteligência, mas não habilidosos no trato com as pessoas ou aquele mais "paizão" que te ouvia um pouco mais. De alguma forma, você aprendeu com todos eles, até mesmo com o exemplo contrário (o que não se deve fazer). Assim, vê-se que o comportamento de um líder influencia totalmente no seu equilíbrio emocional. É muito comum ouvirmos falar que em geral as pessoas pedem demissão do chefe e não da organização. Mas existe um perfil de liderança, que chamamos de servidora. Esse tipo de liderança foi desenvolvido na década de 1970, ao ser publicado, por Robert K. Greenleaf, o ensaio intitulado O *líder servidor,* no qual ele cita: "O líder servidor é voltado para as pessoas e suas necessidades, e junto a elas, obtém resultados excepcionais." Que coisa, não é mesmo? Tão moderno e tão aderente às necessidades do mundo atual e futuro. Sabe por quê? A tecnologia continuará se desenvolvendo e o ser humano também precisará crescer na mesma proporção, e para isso acontecer terão que ser apoiados por grandes líderes servidores dispostos a ajudá-lo a trilhar esse caminho de evolução constante. Parece poesia, mas é exatamente assim. O perfil do líder servidor converge muito com o pilar humanitário do líder exponencial.

O líder servidor tem muito foco nas pessoas e não apenas no negócio ou produto. Ele é preocupado em criar um ambiente de respeito e autonomia. Esse líder tira o peso da hierarquia e atua mais suave, de forma colaborativa e facilitadora, onde se concentra nas necessidades dos outros, inclusive na dos membros da equipe, antes de considerar as suas próprias. Em sua abordagem, ele apoia aqueles que fazem o trabalho, desempenhando um papel de facilitador, e centra-se na eliminação de obstáculos, garantindo que a equipe tenha tudo de que precisa para executar. O líder mantém o time focado na visão do projeto e em sua entrega de valor para o cliente. Note que se cria um ambiente interno mais fortalecido, de confiança entre as pessoas, mesmo com todas as incertezas que vêm dos cenários externos. Além disso, tem grande preocupação em formar ótimos novos profissionais que possam ser sucessores, praticando muita transparência e feedbacks construtivos. O líder servidor em hipótese alguma ostenta seu poder de comando de forma a constranger o time. Ele age a todo momento com educação e cautela, pois o principal que se busca — a conquista de respeito e confiança natural — a hierarquia não trará de forma natural.

E as empresas? O que elas ganham adotando esse perfil de liderança na sua cultura organizacional? Elas dão foco em criar ambientes de desenvolvimento e estruturas de apoio que tendem a promover altos níveis de satisfação interna, o que é uma pavimentação robusta para se construir a gestão colaborativa, que falamos no Degrau 5. Nesse ambiente também se criará uma forte cultura de aprendizagem, na qual há um encorajamento para que os colaboradores cresçam e se tornem cada vez mais valiosos.

Mas, apesar do líder servidor ter o seu foco voltado principalmente para as pessoas, ele não deixa a busca pelos resultados de lado, e é exatamente por esse motivo que investe tanto nos profissionais, pois sabe que somente por meio destes é possível alcançar metas e objetivos assertivamente. Ele é leve em reconhecer pessoas que tenham mais conhecimento e experiência do que ele, e enxerga isso como oportunidade. Ao reconhecer os limites do próprio conhecimento (o valioso autoconhecimento), ele incentiva a criação de um ambiente de aprendizagem, em que os profissionais que estão no seu comando podem aprender uns com os outros, independentemente de níveis hierárquicos, desenvolvendo-se, assim, por meio de sua força de vontade e da troca de experiências entre si. Ademais, trata-se de um líder que sabe os momentos exatos em que precisa da ajuda de seus colaboradores para poder avançar. Assim, ele demonstra ter humildade e reconhece que não é detentor de todo o conhecimento e habilidade, passando a mensagem de que o crescimento somente é possível se for realizado em grupo.

O líder servidor atua com integridade, fazendo o que prometeu, seguindo uma coerência esperada entre o que fala e o que faz. Esse líder deve demonstrar claramente o que espera de cada um. Isso é um ponto muito importante para os colaboradores e para a organização. Por isso, é necessário oferecer um direcionamento sobre o que cada um deve fazer. Isso não significa não dar liberdade, mas deixar claro quais são as expectativas sobre a missão principal/função de cada colaborador, para que eles saibam qual caminho devem seguir, até mesmo de maneira autônoma. Líderes que são transparentes e conhecem suas fraquezas podem ser percebidos como sendo mais confiáveis, levando assim a uma melhoria de relação com os membros da equipe. Os líderes devem sempre estar dispostos a usar ideias sugeridas pelos membros da equipe.

E por que estou falando desse perfil de liderança servidora, que muito se encaixa no pilar humanitário do líder exponencial? Porque esse estilo de liderança cria um ambiente de confiança e aprendizagem mútua, que traz de certa forma um ambiente mais leve e com maior tendência de se desenvolver um equilíbrio emocional mais estável.

O equilíbrio de vida pessoal e profissional

Seguindo na palavra equilíbrio, já falamos do equilíbrio das competências para potencializar sua estabilidade emocional e consequente performance. Agora, vamos falar de vida pessoal e profissional. É considerada ultrapassada aquela máxima de que quando entramos na empresa, não devemos trazer a parte pessoal na mochila, sendo muito ingênuo e utópico afirmar isso, pois somos uma pessoa só e nossas atitudes e equilíbrio emocional são influenciados por tudo que nos acontece, seja na vida particular ou trabalhista. As organizações já estão a algum tempo entendendo melhor essa questão e associando a saúde mental da pessoa diretamente à sua produtividade, criando programas que viabilizem ambientes mais saudáveis que valorizem o bem-estar mental dos colaboradores, com inclusive acompanhamento psicológico, caso necessário.

Equilíbrio emocional na era do aumento de burnout

Algo muito contemporâneo no nosso mundo BANI é a síndrome de burnout, ou esgotamento profissional, que consiste no estresse provocado por condições de trabalho desgastantes, tarefas repetitivas por um longo período e pressão constante por resultados. Essa síndrome tem atingido cada vez mais profissionais que lidam direta e intensamente com pessoas, como os profissionais da educação, da saúde, de recursos humanos, além de policiais, advogados e jornalistas. Um exemplo recente é em relação aos profissionais de saúde (meus heróis) no período da pandemia. Foram dois anos de muita luta trabalhando no extremo limite emocional. Esse é um tipo de situação em que o líder deve estar preparado para lidar dentro de sua equipe, estando atento para identificar sintomas pontuais na equipe, por exemplo, como uma pessoa que se isola mais dos grupos e se descontrola com mais facilidade em situações de tensão no dia a dia.

No entanto, acredito que esse equilíbrio entre vida pessoal e profissional, por mais que as organizações estejam desenvolvendo programas específicos para isso, é uma postura muito pessoal, uma decisão sua de buscar esse ponto de estabilidade entre os dois lados. Hoje em dia, com essa nova tendência de jornada híbrida, essa linha entre o trabalho e o particular, considerando o ambiente físico, ficou bem mais tênue.

O que posso fazer para equilibrar o pessoal e o profissional?

Minha intenção aqui não é de te dar uma receita para equilíbrio emocional, mas sim dar uma pista de posturas e atitudes básicas que, se você aos poucos incorporar ao seu modelo mental (seu jeito de pensar), com certeza te ajudará a alcançar esse equilíbrio emocional tanto no trabalho quanto na vida pessoal. Lembre-se de que pequenas doses de hábito diário funcionam muito mais que ações radicais em um curto espaço de tempo.

Tenha objetivos e planos em equilíbrio com sua vida pessoal e profissional

Sentir-se levado pelo acaso é um dos principais gatilhos para uma fragilidade emocional, e a propensão será sua vida mais preenchida pelas necessidades alheias do que pelas suas. É certo também que o trabalho em excesso tomará conta de você, apesar de num primeiro momento a sensação de ocupado gere um falso conforto de a vida estar andando, mas isso não será sustentável nem bom para sua estabilidade emocional.

Defina pelo menos dois a três objetivos pessoais além dos profissionais. Projetá-los em etapas com objetivos de curto e médio prazo te ajudará a entender se está no caminho ou se desviou da rota. Visualize-se continuamente no ponto aonde quer chegar, imaginando como seria e guarde com você essa visão de futuro, para lembrar dela nos momentos difíceis.

Ter objetivos define também prioridades, o que automaticamente o ajuda nos momentos em que você deve fazer certas escolhas, o que acaba gerando ansiedade e uma baixa no seu controle emocional. Isto é, ter objetivo de vida, independente do trabalho, te fortalece emocionalmente. Caso você tenha consciência de seus objetivos, naturalmente suas atribuições e responsabilidades o guiarão em saber quais são as prioridades nessa área. Já no lado pessoal, a família e seus valores tendem a lhe dar o norteamento para as decisões.

Na verdade, nós temos "sensores naturais" que nos direcionam em ambos os lados (pessoal e profissional) e objetivos bem definidos que estimulam mais esses sensores. Aqui fica a dica para você utilizar a técnica de OKRs que aprendeu no degrau anterior. Que tal ter alguns OKRs de cunho pessoal?

Planeje a rotina e seja dono de seu tempo

Não há nada mais angustiante do que a sensação de perder o controle de seu tempo, da sua rotina que deveria sempre acontecer. Seu cotidiano deveria ser a princípio um desdobramento de seus objetivos, mas de fato não é tão simples, pois o nosso tempo é tomado por imprevistos diários que nos desviam do planejado. De qualquer forma, ter uma rotina de ações prioritárias no dia a dia é fundamental. Eu gosto muito da frase "planejar é errar menos". Uma agenda mínima de trabalho te ajuda a fazer as priorizações de tempo do dia a dia. Chamo essa agenda de "agenda foco" que, apesar de não resolver todos os seus problemas de tempo, o auxiliará a não ficar totalmente perdido. O conceito da agenda foco é te ajudar a entender uma escala de prioridades em termos de tarefas. Segue na figura um exemplo simples da agenda foco.

	Seg	Ter	Qua	Qui	Sex
07:30 08:00	Análise indicadores	Análise indicadores	Análise indicadores	Análise indicadores	Análise indicadores
08:30	Diálogo diário de segurança	Diálogo diário de segurança	Diálogo diário de segurança	Diálogo diário de segurança	Diálogo diário de segurança
09:00	Reunião diária gerência	Reunião diária gerência	Reunião diária gerência	Reunião diária gerência	Reunião diária gerência
09:30	Livre para contingências	Livre para contingências	Livre para contingências	Livre para contingências	Livre para contingências

(continua)

(continuação)

Horário	Seg	Ter	Qua	Qui	Sex
10:00 – 10:30	Gestão diária projetos da carteira	Gestão diária projetos da carteira	Gestão diária projetos da carteira	Gestão diária projetos da carteira	Gestão diária projetos da carteira
11:00	Livre para contingências	Livre para contingências	Livre para contingências	Livre para contingências	Livre para contingências
11:30 – 12:00	Feedback up individual com time	Sessão Design Thinking novos projetos	Plano estratégico	Sessão Design Thinking novos projetos	Feedback up individual com time
12:30 – 13:00	ALMOÇO É SAGRADO, VOCÊ NÃO É UMA MÁQUINA					
13:30 – 14:00	Comitê pessoas		Check de orçamento semanal		Trilha de aprendizagem
14:30 – 15:00 – 15:30	Livre para contingências	Visita de campo/clientes	Livre para contingências	Visita de campo/clientes	Livre para contingências
16:00 – 16:30	Reunião setorial gerentes		Inglês		Projeto expansão 4.0
17:00	Follow up com equipe		Follow up com equipe		Follow up com equipe
17:30	Planejamento dia seguinte	Planejamento dia seguinte	Planejamento dia seguinte	Planejamento dia seguinte	Planejamento dia seguinte

Figura 9: Exemplo de agenda foco
Fonte: Criação do autor (Elementos do Office e imagens gratuitas no Canvas)

A técnica que você pode usar para dividir seu tempo na agenda foco é a seguinte:

50% a 60%	Frequência com mais de 1 dia por semana
máx. 30%	Frequência semanal ou mensal
15% a 20%	Livre para encaixar contingências

Tabela 1: Distribuição do tempo na sua agenda foco
Fonte: Criação do autor (Elementos do Office e imagens gratuitas no Canvas)

- ✓ **Frequência diária:** coloque aqui as tarefas que devem se repetir com uma frequência de três vezes ou mais por semana. Uma frequência alta já é uma sinalização de que ela é muito impactante no seu resultado, pois só com esse ritual de acompanhamento mais frequente você chegará ao resultado. Em geral, essas atividades diárias não devem ser mais que 50% a 60% de sua agenda total.

- ✓ **Frequência semanal ou mensal:** aqui devem estar as tarefas que também são importantes, mas que não são essenciais no seu acompanhamento diário. Por exemplo, podem ser aquelas que você delegou para um membro da sua equipe, e precisa checar com certa frequência, ou algum comitê interfuncional do qual você participe. Tente ocupar no máximo 30% de sua agenda com esse tipo de atividade.

- ✓ **Tempo livre/flexível:** é isso mesmo que você está lendo: tempo livre! A princípio, pode parecer impossível, mas aqui a premissa é a seguinte: nunca ultrapasse de 80% a 85% da sua agenda diária com compromissos pré-agendados (reuniões, visitas, feedbacks, comitês), deixe de 15% a 20% do tempo para flexibilizar a agenda para habituais "emergências". Pense que é melhor travar seu planejamento em 85% e ter uma brecha para encaixe do que querer absorver o máximo na agenda e ter que desmarcar em cima da hora, prejudicando também a agenda de outras pessoas envolvidas. Respeitar o planejamento dos demais da equipe e de seus pares também é uma característica de um líder disciplinado.

E o ponto principal é que você deve ser muito rígido com sua agenda. Brigue para cumpri-la, tente medir seu percentual de atendimento diário, sem se frustrar e faça ajustes se necessário. Aliás, tente correlacionar essa disciplina com a evolução gradativa de resultados. Não adianta focar a agenda que não te leva ao resultado. Muitas vezes você terá que fazer alterações de acordo, por exemplo, com novos projetos que entrem na sua responsabilidade. Você perceberá que o seu desempenho e resultados vão crescer proporcionalmente ao atendimento de sua agenda.

Saúde é a base de tudo

Essa foi a maior lição que a pandemia nos deixou, sobre a fragilidade de nossa saúde, e nos lembrou do óbvio: que absolutamente nada funcionará na vida sem uma saúde plena e controlada. Assim, para se cuidar da saúde, você precisa novamente voltar à palavra "equilíbrio" e encontrar tempo para uma vida efetivamente saudável. Surge então outra tríade vital para o seu bem-estar:

- ✓ Alimentação balanceada.
- ✓ Atividade física regular.
- ✓ Mente sã e ativa.

Não sou médico, mas hoje temos pesquisas suficientes para nos provar a potência de se equilibrar esses três pratos da saúde. Você tem que transformar essa tríade em um modelo mental de longevidade.

Invista seu tempo em atividades que te revigore

O planejamento é tão importante na vida pessoal, quanto na vida profissional. Anular o tempo livre de lazer é um caminho perigoso para a fragilidade emocional. Para alguns é tão difícil tirar um tempo livre que quando acontece ficam sem saber como aproveitá-lo. Dessa forma, considere o seu tempo livre como um bem precioso, no qual você pensará em investi-lo da forma que lhe traga o melhor custo-benefício.

Isso pode ajudar a aliviar todos os problemas físicos e psicológicos, além de ser revigorante.

Confie, delegue e sinta-se mais leve

Delegar tarefas e atribuições também deve fazer parte da sua estratégia de gerenciar melhor seu tempo. Essa iniciativa de delegar torna mais fácil você conseguir mais tempo para equilibrar tarefas profissionais e pessoais, pois sempre abrirá espaço na sua agenda, em especial para aquelas diárias que são intransferíveis. Ao lembrar do conceito de delegar, envolve-se também o confiar e ensinar a quem ficará responsável pela tarefa, pois em geral delegamos a função e não necessariamente a responsabilidade. Essa delegação ajudará a ampliar sua capacidade de realização, apurar seu senso de priorização, atingir os objetivos e metas com mais agilidade e exercitará a sua disposição de confiar e dividir, que também te ajuda muito emocionalmente.

Desconecte-se desse mundo 100% conectado

Nesse mundo de intensa tecnologia, que muito nos ajuda, às vezes ser simples, dar um passo para trás e ficar analógico por um tempo é bem interessante e tranquilizante. O mundo digital não pode virar uma compulsão como uma bebida ou alimento em excesso. Desligue a tomada no horário que deve fazer. Lembre-se de que ser produtivo tem a ver com ser intenso e pleno no momento que está fazendo e não tem relação direta só com o número de horas trabalhadas. É preciso aprender a desligar o botão do trabalho, isto é, se desconectar dos compromissos do trabalho e dar um tempo para você. Além disso, considere se desconectar literalmente do celular.

Enfim, cada um de nós precisa encontrar um ponto de equilíbrio entre sua vida pessoal e profissional, isso é primordial para nosso equilíbrio emocional. Aqui foram algumas dicas que podem ser um bom início. Se colocadas em prática, facilitam muito o alcance desse objetivo de equilíbrio.

As organizações cada vez mais investindo no bem-estar das pessoas

No Degrau 5 já falei um pouco sobre o ato de recompensar de formas diferentes, buscando maior engajamento e consequentemente uma maior facilidade em se implantar a gestão colaborativa. Mas quero falar aqui de uma forma mais ampla. O fato é que as organizações que querem dar um passo à frente para o futuro já estão convencidas e atuantes no sentido de que investir no bem-estar geral de suas equipes é um caminho virtuoso para:

- ✓ desenvolver um ambiente de maior confiança e colaboração;
- ✓ maior equilíbrio emocional das pessoas e menos doenças ocupacionais;
- ✓ clima oportuno para criatividade e novas ideias inovadoras;
- ✓ aumento da retenção de talentos;
- ✓ maior facilidade em desenvolver sucessores;
- ✓ ganho em produtividade no médio e longo prazo.

Sendo assim, acredito que são motivos que nos convencem, certo? Nesses últimos anos, em especial após a pandemia, as empresas têm buscado desenvolver ações e estratégias sobre o bem-estar das pessoas, o que podemos chamar de capital humano. Isso passa a ser visto como um precioso ativo da companhia, proporcionando novos modelos de trabalho que oportunizam experiências mais humanizadas e que contribuem para manter em alta a saúde física e mental dos colaboradores.

Existem dois fatores que agilizam esse processo de humanização das equipes. A primeira é a escalada veloz de mudanças no mundo BANI, na qual a ansiedade tomou conta das pessoas. A segunda é a convivência de múltiplas gerações no ambiente de trabalho, em que cada uma delas valoriza coisas diferentes, como, por exemplo, os baby boomers e a geração X sempre tiveram o trabalho como foco principal, enquanto os millennials e a geração Z tendem mais para uma qualidade de vida mais equilibrada entre vida pessoal e profissional, buscando oportunidades que oferecem maior flexibilidade de jornada que possibilitem esse equilíbrio. As gerações Y e Z são hoje a grande força de trabalho. Assim, como é difícil agradar a todos os filhos, nunca haverá um modelo organizacional que contemple todos. Mas é vital tal adaptação para garantir que essas novas gerações se mantenham motivadas e engajadas, potencializando a produtividade e resultados. Essa adequação inclui basicamente três frentes: melhorias no ambiente, plano de atratividade de carreira e mais cuidado na gestão de pessoas.

Dessa forma, entramos numa fase de muita ressignificação das relações profissionais sobre uma perspectiva de maior humanização do ambiente corporativo. Já se enxerga empresas que foram por esse caminho e colhem frutos, como maior satisfação geral do time e sentimento de pertencimento e consequente tendência a maior retenção de talentos. De forma prática, citarei aqui os principais caminhos que você, líder exponencial, pode adotar na sua empresa para essa construção mais humanizada de equipe. Nada de outro mundo, lembrando sempre que o simples e com foco vale muito e é efetivo.

Comece com foco na saúde mental

Nas organizações, o apoio e incentivo para atividades físicas já chegou há algum tempo, como academias internas e convênios como benefício. Mas é necessário também iniciar programas focados na saúde mental, criando uma cultura de respeito e valorização para os colaboradores. Começar, por exemplo, com campanhas de conscientização, falando abertamente sobre o tema de burnout, ou buscando caminhos para acesso a garantias ligadas ao atendimento psicológico, que ficou bem mais acessível após a pandemia e tem sido encarado com menos preconceito do que antes. Lembrando que o processo de feedback e feedforward, que discutimos no Degrau 3, quando aplicado de forma construtiva e voltada para a transparência e fortalecimento de confiança, também deve ser vista como uma ferramenta que contribui para o processo de boa saúde mental da equipe.

Adote rotinas mais flexíveis

Já bati muito nesta tecla no Degrau 4, sobre trabalho híbrido, mas vale um reforço. As jornadas de trabalho mais flexíveis chegaram para ficar e não podemos ignorá-las. Essa jornada permite que as pessoas façam um autogerenciamento de seu início e fim de jornada, dentro de alguns limites preestabelecidos, desde que entreguem a sua demanda, em termos de qualidade e prazo. Entenda que não é ausência de controle, mas uma autonomia para realizar as atividades que sejam mais efetivas para seu relógio biológico e ajuste de tarefas pessoais. A título de exemplo, há pessoas que preferem acordar cedo e iniciar suas atividades bem de manhã, mas haverá outros que produzirão mais se puderem acordar um pouco mais tarde e estender o expediente até o fim do dia. Atualmente, com os recursos digitais de gestão de jornada e tarefas, fica muito mais fácil adotar essa prática, podendo ser empregada em combinação com o home office.

Estruture bons planos de carreira

Boas trilhas de carreiras e sua divulgação transparente sempre serão uma ótima sinalização de que a empresa se importa com as pessoas e seu bem-estar e quer que ela continue crescendo na organização. Isso é muito valioso para as gerações mais novas. E é importante que o plano de carreira seja um pacote bem equilibrado de salário, benefícios e capacitação, ajudando a equipe a reconhecer as suas potencialidades e a desenvolver novas competências.

Crie métricas para avaliar o clima organizacional

Ao pensar em um programa de bem-estar para as pessoas, é importante conhecer os efeitos de suas ações e as novas demandas que apareçam para a equipe. Esse indicador mensura a satisfação dos colaboradores e suas percepções a respeito da organização em que trabalham. As ferramentas para se fazer isso estão cada vez mais acessíveis, com formulários gratuitos muito simples de serem aplicados. Essa é uma ação fundamental para monitorar o efeito de suas atividades, além de ser um canal democrático em que os indivíduos podem se expressar sem necessariamente serem identificados, dando um direito genuíno de opinar sem o receio de achar que será mal interpretado. Esse tipo de feedback é importante para evitar distorção na comunicação e estabelecer uma relação de confiança e transparência entre empresa e funcionários.

Você, acelerando a sua curva exponencial

O essencial desse degrau:

✓ Equilíbrio para alta performance: a alta performance necessita de um equilíbrio de competências. Estas são: método, liderança e conhecimento técnico; é o que chamo de tríade da competência, para potencialização do bom desempenho e equilíbrio emocional.

VOCÊ, UM LÍDER EXPONENCIAL!

- ✓ Tríade da competência e os pilares da liderança exponencial: internalize a conexão que existe entre as características desdobradas na tríade da competência (nove no total) e os pilares da liderança exponencial (futurista, inovador, tecnológico e humanitário).

- ✓ Sobre o líder servidor: ele é centrado nas pessoas e não apenas no negócio ou produto. Tem foco no ambiente colaborativo de respeito e autonomia. Ele minimiza a hierarquia e atua mais suave (menos comando e controle), de forma auxiliadora e facilitadora. Esse modelo traz uma equipe mais engajada e com uma tendência a reagir mais rápido a crises.

- ✓ Cultura do bem-estar: nunca esqueça do que você pode conquistar, disseminando o bem-estar como cultura:
    - Ambiente de maior confiança e colaboração.
    - Maior equilíbrio emocional das pessoas e menos doenças ocupacionais.
    - Clima oportuno para criatividade e novas ideias inovadoras.
    - Potencial aumento da retenção de talentos.
    - Maior facilidade em desenvolver sucessores.
    - Ganho em produtividade no médio e longo prazo.

Gatilhos para sua curva de crescimento exponencial

Equilíbrio emocional: abordei na seção "O equilíbrio de vida pessoal e profissional" os principais pontos para este equilíbrio, que é um fator decisivo para a sua estabilidade emocional ser sustentável ao longo do tempo. Que tal então fazer um pequeno exercício? Monte a seguir um OKR com foco nesse equilíbrio pessoal e profissional. Minha dica é que você envolva nessa elaboração uma equipe muito especial para você: a sua família. Que tal dividir com eles e pensarem juntos no objetivo e nos resultados-chave? Planeje, execute e acompanhe!

Eu vou _____(Objetivo)

medido por _____(Resultados-chave)

KR1:

_____

KR2:

_____

KR3:

_____

KR4:

_____

Construa a sua agenda foco: lembre-se de que, se você não cuidar de seu tempo, você o entregará na mão dos outros. Siga os princípios que discutimos, em termos de divisão tempo. O cumprimento e ajuste dessa agenda será uma evolução contínua para você. Não se esqueça: planejar é errar menos. Siga os passos detalhados na seção " O equilíbrio de vida pessoal e profissional" e faça sua versão.

DEGRAU 7

Exploda a curva de aprendizado para o infinito!

O conhecimento que você tem hoje não garante o sucesso de amanhã. O que mais importa é a sua capacidade de aprender mais sobre o que a sua organização e o mundo precisam hoje e no futuro.

Posso iniciar este degrau dizendo, com toda certeza, que o mundo futuro será dos líderes e das organizações que aprenderem e se adaptarem mais rápido às mudanças e às necessidades de seus clientes, de seu time e do ecossistema como um todo. Vimos um pouco disso no conceito de empresas exponenciais. O poder não será mais definido pelo conhecimento que você tem hoje, mas sim pela capacidade de se desapegar de um conceito (ou preconceito) e criar outro mais adequado ao que o mundo precisa.

Na verdade, se você pensar, isso já é algo que intuímos há certo tempo, ao passo que olhamos para o avanço das tecnologias e para empresas que desapareceram por se sentarem no conhecimento atual e não prestarem atenção na obsolescência de seu produto ou serviço, frente à demanda do cliente.

Nesse contexto, a forma e o método de aprendizagem que você utiliza pode acelerar seu processo de criação, adaptação e curva de aprendizagem de sua organização. Por isso, abordarei agora as principais tendências de modelos e ferramentas de aprendizagem empregadas no âmbito corporativo, mas que você pode aplicar para alavancar sua curva de aprendizagem pessoal.

Embarcando em definitivo na aprendizagem digital

Já falei um pouco nos degraus anteriores que o seu embarque na jornada digital é um bilhete só de ida, não há volta. Você, líder exponencial, e as organizações não têm mais como evitar. A aprendizagem digital tem um papel central hoje na qualificação de equipes, como treinamentos digitais, trilhas interativas de conhecimento, aprendizagem participativa com outros grupos e muito mais. A pandemia desacelerou os treinamentos tradicionais presenciais, mas a demanda por capacitação aumentou ainda mais com essa aceleração tecnológica e essas mudanças de cenários constantes, movendo a transição para a aprendizagem virtual. Para avançar neste tema, quero destacar dois blocos de demanda de capacitação com os quais você se deparará.

Novos conhecimentos

A necessidade de novas habilidades e competências surge em função de diferentes rumos no cenário global de negócios, como o aparecimento de novas tecnologias e digitalização dos processos que mudam completamente o jeito de operar determinados processos. Para uma nova qualificação, você pode mesclar o conhecimento teórico com exercícios que simulem muitos contextos práticos, a fim de facilitar a aprendizagem. Os recursos digitais nos ajudam muito a apresentar exemplos de forma didática para facilitar a aprendizagem.

Atualização de conteúdo já conhecido

Aqui seria um "upgrade", uma atualização de conhecimentos existentes, mas com uma repaginada para novos cenários, em que novamente a aprendizagem digital pode dar um original significado para um conhecimento já previamente conhecido, porém com um enfoque diferente para o cenário atual.

Então, este é o recado inicial, a aprendizagem digital se fortalece para acelerar a curva de aprendizado das equipes e nivelar mais rápido a condição técnica para enfrentar esses panoramas tão agressivos de mudança, em que a curva de aprendizagem convencional não consegue acompanhar com a velocidade necessária. Mas, para a tecnologia de fato ajudar, tem que haver uma quebra de paradigma em relação a algumas âncoras da aprendizagem tradicional. A Figura 10 te ajuda a visualizar melhor esse salto que precisamos dar.

A aprendizagem moderna adotou a jornada digital como um de seus principais componentes. No modelo tradicional, tínhamos o professor como tutor e fonte absoluta e única de conhecimento, sempre pautado em modelos rígidos de planos de aula, escopo fixo e pouco dinâmico, com atualizações muito espaçadas, no qual os alunos recebiam passivamente o conteúdo sem praticamente nenhuma escolha de opinar. Com tal processo, mudamos para um aprendizado que se molda de maneira muito mais dinâmica, no qual o professor vira um facilitador de referência e você assume o papel de curador de seu aprendizado, tendo uma certa autonomia para customizar trilhas de conhecimento, em que você usará sua percepção de como potencializar a troca de experiências e interação.

Aprendizagem moderna	Aprendizagem convencional
Mais prática	Centrado na teoria
Trilha de aprendizagem	Conteúdo controlado
Aprende e aplica	Aprende só pelos fatos
Há colaboração entre colegas	Mais concorrência
Aprendizagem customizada	Ementas menos flexíveis
Você é o líder da sua aprendizagem	Professor te conduz ao conteúdo

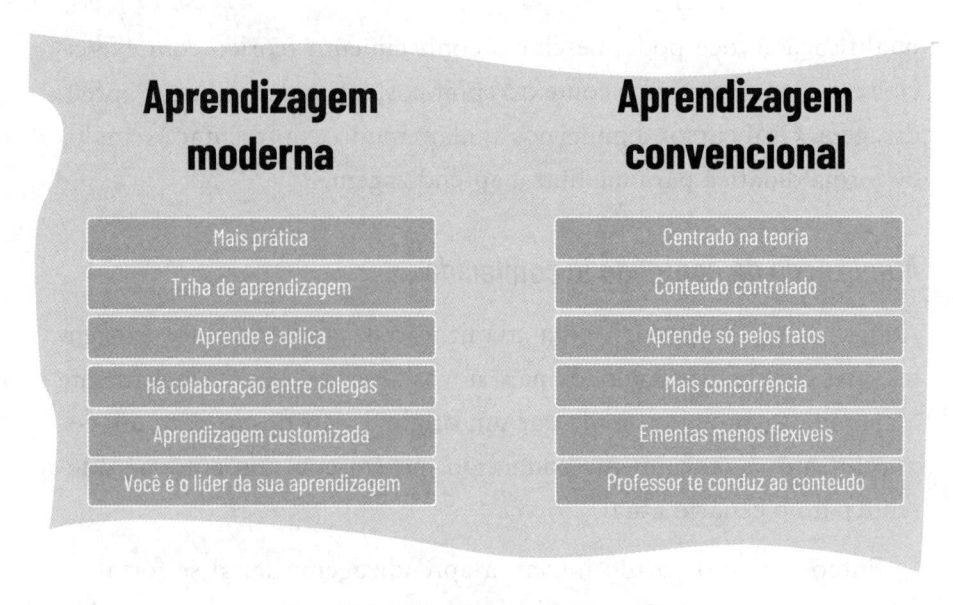

Figura 10: Aprendizagem moderna x convencional
Fonte: Criação do autor (Elementos do Office)

Mas se entrarmos afundo nos detalhes da jornada digital como norteadora da aprendizagem moderna, quais são os princípios básicos que precisamos internalizar tanto a nível pessoal quanto organizacional para ter uma evolução constante da cultura digital, que veio para ficar?

Conhecimento como fluxo contínuo

É muito importante internalizar em definitivo que sua absorção de conhecimento será daqui para frente um processo constante e às vezes quase que involuntário, e isso será muito em função desse "mercado aberto" que temos de informações vindo de todos os lados. Existe uma barreira que nós, adultos, temos na visão, uma vez que já possuímos a nossa "caixa" cheia de informações, fruto do aprendizado de uma vida toda. Contudo, você precisa se reprogramar a esse novo mindset de crescimento contínuo para estar aberto a receber novos conteúdos e assimilar as ideias para seu desenvolvimento pessoal e profissional.

Aprendizagem em rede colaborativa

Na aprendizagem digital, como você tende a ter menos contato presencial com outras pessoas, limitando a trocar informações e opiniões durante o treinamento, é de extrema importância que você desenvolva outras formas de trocar informações, como uso ativo de chats com outros usuários, grupos virtuais de discussões e até gamificação, que seria um modo de testar seu conhecimento aprendido, por meio de desafios, de preferência, com outros usuários que estão aprendendo o mesmo conteúdo.

Aprenda a aprender

É o que chamamos de meta-aprendizagem, na qual você busca, experimenta e descobre os melhores jeitos de aprender, que mais combinam com você, vivenciando mais de uma ferramenta digital, interagindo com as pessoas que estão usando o mesmo conteúdo, achando a frequência ideal de tempo para você fazer sua imersão de estudo digital e por aí vai. Aqui o objetivo é que você aprenda qual o estilo mais rápido e efetivo para si mesmo. Isso deve ser um processo de melhoria contínua, pois se você não melhorar o método, a forma como estuda, terá dificuldade em acompanhar a velocidade de informação desse mundo BANI. Colocarei aqui alguns passos para você pôr em prática a sua meta-aprendizagem:

- ✓ Tenha claro o porquê você quer aprender: entender o seu propósito de aprender determinado conteúdo é o primeiro passo para começar a traçar o melhor caminho, acordando a prioridade desse aprendizado, seja devido a uma necessidade urgente no seu trabalho ou mesmo um hobbie que você esteja bem ansioso para aprender e que o fará feliz.

- ✓ Entenda com clareza o que quer aprender: pode até parecer óbvio, mas saber o que quer aprender e o quanto intenso será esse conhecimento é fundamental. Tal como você querer aprender a tocar violão, mesmo sabendo um pouco, querer aprender mais. Mas o quanto mais? Se for para aprender a tocar mais algumas músicas de que você gosta, você pode assistir a alguns vídeos didáticos sobre elas. Agora se você quer começar a compor suas próprias músicas, vale a pena ter aula com um bom profissional que o ensinará a técnica de compor.

- ✓ Como aprender: você já identificou o porquê e o quê, agora entenda a melhor forma que se adapte a você e ao seu tempo. Se houver mais de um método para o mesmo objetivo de aprendizado, experimente mais de um e faça escolha. Perceba como você vai se tornando protagonista de seu aprendizado.

- ✓ Entenda qual a melhor ferramenta para se adequar ao seu aprendizado: você pode usar a tecnologia para descobrir o que quer aprender, para encontrar as melhores técnicas e ter acesso às melhores fontes. Em outros termos, para otimizar o processo de aprendizagem como um todo.

- ✓ Planeje os passos dentro da sua realidade: o conceito natural de um planejamento seria definir quando começará e inserir a frequência dessa aprendizagem na agenda foco (se for algo mais extenso). Além de buscar entender se há alguma forma de medir o seu resultado ao longo da aprendizagem, como um teste, ou praticar e perceber sua mudança de habilidade. Caso possa, defina um prazo máximo para conclusão, pois isso o ajudará a definir o quanto esse compromisso é prioritário para você.

Por fim, é muito importante que você tenha percepção de sua evolução, com o auxílio de uma plataforma digital (gestão do tempo dedicado ao treinamento, pontuação por etapas completadas etc.). Assim, cada um percebe como está progredindo e consegue traçar um plano pessoal de como melhorar sua forma de aprender e interagir.

Abrace o conceito de lifelong learning

É indiscutível que todos nós temos incluído no nosso plano de vida e de carreira se destacar no mercado e alcançar nossos objetivos financeiros, de conforto e bem-estar de vida. E um dos grandes desafios que estamos vendo aqui o tempo todo é se manter em dia com as novas ferramentas e tecnologias, além da grande evidência da necessidade de aprimorarmos nossas soft skills para elevar nosso nível emocional e nos adaptarmos ao mundo BANI.

Por isso, quero introduzir o conceito de *lifelong learning* (no português, "aprendizado ao longo de toda vida". É uma concepção que está muito em alta e tem sido incorporada à estratégia de empresas como novo modelo de aprendizagem, que contribui para uma formação mais robusta e equilibrada do profissional. Mas por que esse conceito se fortaleceu, apesar de inicialmente ter surgido na década de 1970? A resposta é simples, pois reflete o dinamismo e inovação impostos atualmente pelo mercado.

Seu conceito central é o estudo de forma contínua, ou seja, a todo e qualquer momento é possível estudar, quebrando com o paradigma "de que existe idade certa para aprender". Ao longo de nossas vidas, orientaram-nos a sermos alunos que esperam passivamente o ensinamento do sábio professor. Mas, na verdade, precisamos ser eternos aprendizes, adquirindo conhecimento continuamente de inúmeras fontes e formas.

Nesse ponto, também é importante definir o que não é lifelong learning, pois não é absorver todas as informações que aparecem para você, o que, aliás, seria impossível num curto espaço de tempo, o que só promoverá frustração nesse processo. A circunstância certa aqui é, de forma planejada, construir conhecimento de várias maneiras e em diversos momentos e oportunidades. O desenho a seguir é uma forma lúdica para você entender o processo evolutivo desde você ter "dados" até virar sabedoria, um modelo mental de como agir, sendo o lifelong learning um grande caminho para esse processo evolutivo.

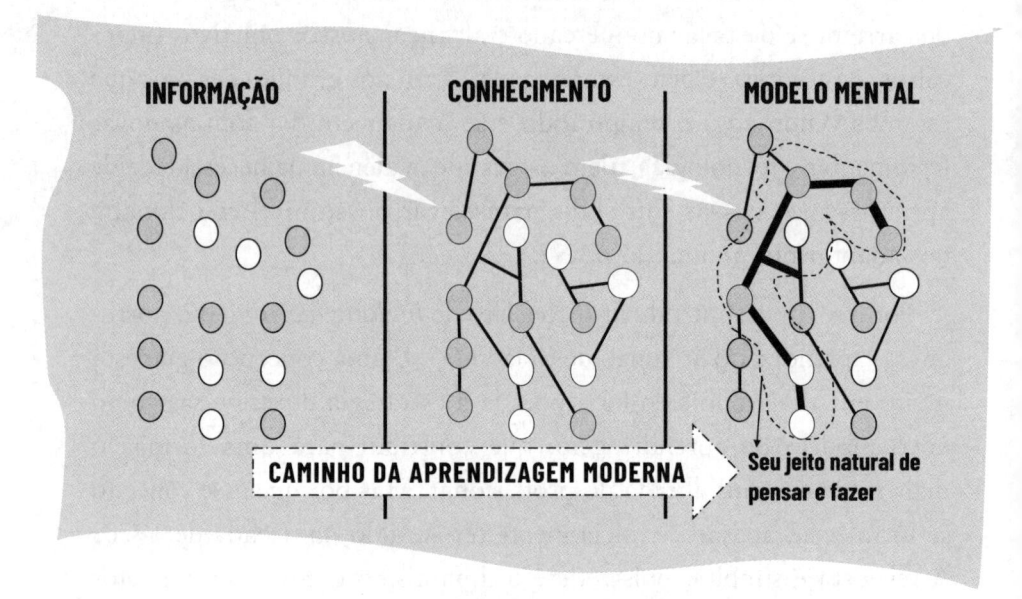

Figura 11: Evolução de seu conhecimento
Fonte: Criação do autor (Elementos do Office)

Esse tema tem uma relevância tão grande que já existe a Lifelong Learning Council Queensland (LLCQ), uma instituição que representa o conceito de lifelong learning pelo mundo todo. Seu objetivo é disseminar a ideia e a aplicação prática desse novo modo de enxergar a educação. Ao levar em conta a visão desse instituto, te apresentarei aqui os quatro pilares dessa tão importante formação continuada.

Pilares base do lifelong learning

✓ *Aprenda a conhecer*: seja sempre um eterno curioso, goste sempre de fazer perguntas, com a leveza de quem admite que de fato não sabe tudo e pode sempre aprender mais. Sinta prazer no processo de adquirir conhecimento. Essa autonomia estimulará seu senso crítico e posicionamento, fazendo com que este último se adapte a diferentes cenários, o que já é um bom sinal de evolução.

✓ *Aprenda a fazer*: gosto muito do termo *hands on*, "mão na massa", em que buscamos fixar o conhecimento por meio da prática. Nesse processo, além da parte de desenvolver habilidade em praticar determinado conhecimento, também entra o avanço da parte comportamental, como a dominação da ansiedade de querer acelerar o seu processo e perceber o seu próprio ritmo que aos poucos pode ser melhorado.

✓ *Aprenda a conviver*: você deve aceitar que a convivência com diferentes grupos faz parte intrinsecamente de sua jornada de aprendizado, que pode ser um facilitador ou atenuante de seu processo de aprender. Um exemplo disso seria praticar a internalização positiva de feedbacks, o que inclui também administrar situações de impasse e conflitos. Lidar com a diversidade é uma rampa importante para seu processo contínuo de aprendizado. Exercer empatia, fortalecer laços sociais e ser um constante solucionador de problemas são pontos bem relacionados a esse pilar.

✓ *Aprender a ser*: aqui volto à figura do eterno aprendiz. Seja totalmente ativo nesse processo, sendo o grande protagonista na aceleração de seu aprendizado, criando autonomia e automotivação diariamente. Parece poético, mas quem cria o hábito de aprender sempre é você.

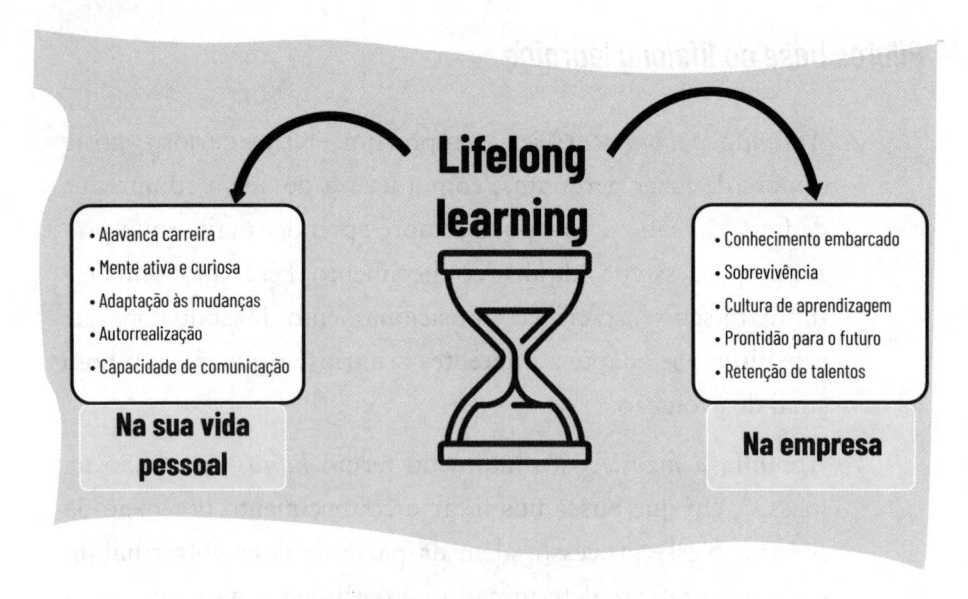

Figura 12: Benefícios do lifelong learning
Fonte: Criação do autor (Elementos do Office)

Como se tornar um lifelong learner

Neste tópico, darei a você uma referência das atitudes que pode adotar para desenvolver seu processo de aprendizagem contínua. Lembre-se de que o protagonismo aqui é seu, não sendo uma receita de bolo. Você deve experimentar, praticar e decidir se ajudará no seu aprendizado.

✓ Antes de tudo, defina seus principais interesses e objetivos pessoais: para o lifelong learning funcionar, ele tem que se tornar um meio facilitador de alcance para as suas necessidades principais, nunca podendo ser um fardo ou uma obrigação. E um ponto de atenção é que se você focar só o objetivo profissional, talvez não seja tão intenso, tente buscar cunho pessoal de vida para aquele propósito, pois deve ter uma forte relação com suas escolhas de vida e conceito do que é felicidade para você.

Aproveite as oportunidades para aprender mais

Busque seu aprendizado em várias formas, tendo um mindset de crescimento (falei muito sobre isso no livro *A Tríade da Competência*) em que você esteja aprendendo de diversos meios, seja por uma aula formal, uma troca de ideia numa roda de colegas, assistindo a um webinar ou palestra, dentre muitas outras maneiras. Existe aquela turma dos "caçadores de certificado", que acham que esse é o recheio definitivo de um bom currículo, mas é um erro primário colocar o certificado como o maior peso no seu processo de aprendizagem.

Afaste sua preguiça, faça perguntas

Se você tem uma dúvida, não deixe isso virar uma barreira para o seu seguimento, pois toda resposta que você obtiver para uma pergunta será um fósforo que você acenderá na escuridão. Nisso, podem-se gerar novas perspectivas para aquela questão e disparar um gatilho para você enxergar tudo de forma diferente; como quando estamos numa atividade de rotina, em que podemos errar ou não ver o que pode melhorar devido ao vício de estar na zona de conforto. Nesse caso, fazer perguntas, mesmo em temas da sua área de conforto, é um ótimo jeito de desenvolver a obtenção de conhecimento constante, dado que as respostas serão pontos de vista divergentes dos seus, e avaliar essas respostas que podem ser uma excelente maneira de aprimorar essa habilidade já dominada.

Crie sua rotina de aprendizagem

Uma rotina bem estabelecida é o "como" você fará com frequência determinada tarefa, e cabe muito bem a você criar sua rotina de aprendizagem, que nada mais é que seu roteiro diário do que estudará. Ademais, desenvolver, principalmente quando temos um prazo, uma meta para aprender algo novo, o que também ajuda muito a ter foco.

Lembre-se de que a sua decisão de ampliar seus conhecimentos cria um comprometimento necessário para fortalecer o modelo mental de se manter sempre em aprendizagem.

Ao estabelecer essa rotina, fica mais fácil traçar um caminho para tornar o lifelong learning um modo de viver sempre aprendendo.

A tecnologia está aí, use-a a seu favor para aprender mais

Não serei repetitivo aqui sobre o fácil acesso da tecnologia, mas atualmente o aprendizado não está mais limitado aos livros ou cursos presenciais. Todos os assuntos podem ser adquiridos nas mídias digitais, nas quais você pode ter o luxo de escolher em qual plataforma quer estudar, além de ter um imenso portfólio, muitas vezes de forma gratuita, de especialistas do mundo todo.

A jornada blended learning na educação corporativa

A transformação digital já é uma realidade bem mais acessível, com uma impressionante customização para a sua necessidade. E ela entrou em definitivo para alavancar o seu aprendizado e das organizações. Tudo isso para você se tornar rapidamente um lifelong learner ativo. Um método que vem crescendo muito e vale apena citar aqui é a jornada *blended learning*. A partir da tradução de blended, é possível você já entender um pouco sobre esse conceito: misturado. Ou seja, essa prática faz a combinação entre ensino presencial e a distância, fato que combina muito com o novo modelo híbrido de trabalho e que vem sendo adotado como um modelo de melhoria de desempenho dos colaboradores da empresa. Basicamente, são planejadas atividades síncronas (em tempo real) ou assíncronas (gravadas). É um método muito indicado para treinamentos técnico operacionais em que há uma demanda de aprendizagem ou reciclagem de conhecimentos na operação de equipamentos e tecnologias específicas.

No modo em tempo real, todos interagem em exercícios como os fóruns de discussões e webinars. Na parte assíncrona, cada pessoa acessa o módulo de aprendizagem em seu próprio tempo. Esse é um modelo que se encaixa bem na realidade corporativa, pois não tira o funcionário muito tempo do posto de trabalho. Assim, o blended learning é equilibrado e conta com encontros presenciais para os casos em que são necessários interação com especialistas ou trabalhos em grupo, com a finalidade de acelerar o aprendizado, frente a casos hands on (mão na massa), por exemplo, manusear um novo equipamento, uma simulação de intervenção prática etc.

Importante destacar que o blended learning não é o EAD (Educação a Distância), que é o ensino a distância sem encontro presenciais. Ele reúne o melhor do EAD (flexibilidade, praticidade e facilidade de acesso aos conteúdos) junto ao presencial (possibilidade de esclarecer dúvidas e trocar experiências de maneira mais próxima), minimizando os desafios que as duas modalidades apresentam e unindo o que cada uma tem para oferecer em termos de melhor situação de aprendizagem.

A seguir, são destacadas as principais vantagens, no meu ponto de vista, para seu aprendizado pessoal ou organização.

Diversificação de formatos de aprendizagem

Essa mescla de modelos de conhecimento permite equalizar o aprendizado de pessoas que o fazem de maneira diferente, assegurando maior cobertura em relação às necessidades de cada colaborador. Com isso, você precisa levar em consideração o escopo de ensino para estabelecer o estilo e as abordagens principais, se, por exemplo, é mais técnico, mais gerencial, ou se requer uma carga maior de aulas práticas. Mas aqui o importante é que oportuniza uma diversidade no modo de aplicar o conhecimento, em que dá autonomia em parte para o aprendiz (aquele que é dono de sua jornada) administrar sua rampa de aprendizagem.

Otimiza o sistema de aprendizagem e costuma inovar em ferramentas

Na parte assíncrona, a tendência é que se busque recursos para que se compense o não presencial, para não cair o ritmo de aprendizagem, como, por exemplo, a gamificação, que convida o aprendiz a absorver os assuntos por meio de jogos ou desafios com outros colegas. O ponto é ajudar na retenção do conteúdo e aproveitar o melhor dos ambientes presencial e online.

Proporciona flexibilidade de horário

Pelo fato de contar com materiais e treinamentos virtuais, o blended learning oferece uma flexibilidade de horário que combina bem com a realidade corporativa, proporcionando ao usuário maior disponibilidade de planejamento. Há também a alternância entre momentos presenciais e remotos, o que acaba facilitando o modo de tirar dúvidas.

Muitas empresas têm aderido ao modelo blended learning, em função do fato de conciliar o formato presencial e offline, trazendo o melhor dos dois formatos: facilitar a execução de trilhas de treinamento e desenvolver a equipe. Para tudo funcionar bem é importante adotar uma plataforma digital como suporte, que hoje em dia está bem mais acessível, com muitas opções no mercado e com boa sustentação. Ao resgatar o conceito de lifelong learning, é importante dar opção de se customizar trilhas de aprendizagem (em especial no modelo offline), podendo se adaptar até certo ponto ao perfil do time, em busca de soluções cada vez mais customizadas e atrativas.

A importância da cultura maker como acelerador de aprendizado e inovação

Apresento neste tópico o movimento, ou cultura, *maker*, que tem como objetivo incentivar a proatividade, criatividade e estimula a capacidade humana de ter e desenvolver suas ideias, fazendo inicialmente com as próprias mãos, o famoso hands on. Com base em um mindset inovador, a cultura maker tem se destacado dentro das empresas e tem sido uma ótima forma para estimular as pessoas, promover negócios e tecnologias mais criativos e ágeis. E um ponto de destaque é que esse conceito tem como base a colaboração e o compartilhamento de ideias.

No seu estilo, a cultura maker incentiva a curva de aprendizado e a sua autonomia, favorecendo um ambiente de inovação e também podendo ajudar a acelerar a transformação digital, já que trabalha muito a conduta da experimentação, em especial novos métodos e tecnologias. Esse movimento maker tem sido facilitado pela relativa acessibilidade de novas tecnologias digitais e também pela acessibilidade de novos equipamentos, como impressoras 3D, cortadores a laser e kits para criação de protótipos, o que torna mais fácil e possível reunir pequenos grupos e trabalhar uma ideia embrionária e transformá-la em um protótipo de um negócio lucrativo (quem sabe, novos Steve Jobs da garagem).

Acima de tudo, quero chamar atenção para um caminho muito bom que acelera a criatividade e a sua curva de aprendizagem. No meu livro *A Tríade da Competência*, falei sobre a pirâmide de aprendizagem formulada por William Grasser, que indica que se você faz um curso, uma capacitação teórica, seu potencial de conhecimento está no máximo na faixa dos 70%. Caso você queira realmente internalizar esse assunto acima dos 90%, terá que partir realmente para atitudes como praticar, estruturar, experimentar e demonstrar. Essa cultura já foi há algum tempo adotada na educação de base para estimular ainda mais a aprendizagem de crianças e vem tomando espaço também na educação corporativa.

O movimento maker se apoia em quatro fundamentos que incentivam novos aprendizados e inovação:

✓ *Criatividade:* na qual se sustenta que tudo pode ser criado, construído e melhorado com as próprias mãos.

VOCÊ, UM LÍDER EXPONENCIAL!

- ✓ *Colaboração:* todos são protagonistas, devendo participar e colaborar com as melhorias.

- ✓ *Escalabilidade:* tudo que for criado deve ser factível de ser multiplicado e replicado em grande escala.

- ✓ *Sustentabilidade:* foco total no aproveitamento consciente (desperdício zero) e recursos utilizados de forma sustentável e inteligente.

A introdução do conceito na empresa pode começar de forma mais pontual em algumas áreas e depois se estender para toda organização, podendo ser incorporada na estratégia de aprendizagem. Alguns exemplos de iniciativas podem ser:

- ✓ Formação de um espaço/sala de criação, com uma estrutura confortável, sem mesas convencionais, com uma disposição básica para se fazer pequenos experimentos.

- ✓ Oficinas de ideais com foco em um tema comum onde se tenha que entregar um protótipo inicial.

Deixarei aqui algumas sugestões para nortear a disseminação inicial desse conceito na organização ou em você mesmo:

- ✓ Jamais se deve inibir a criatividade: a criatividade é a grande ponte para melhorias. Se você deseja aplicar a cultura maker e gerar aprendizado e inovação, precisa valorizar e fomentar a criatividade coletiva, e para isso é importante dar voz e autonomia aos colaboradores.

- ✓ Experimente cada vez mais: a habilidade de experimentar e tomar a decisão seguinte (ir ou não em frente) pode virar um diferencial competitivo da empresa. Para isso, a cultura maker favorece a experimentação, criando protótipos, que vão testar e entender o que pode ser factível ou não. E não precisa começar grande na experimentação, ao contrário, inicie com os experimentos menores. Identificar rapidamente as oportunidades de melhoria só ocorrerá com o desenvolvimento do processo de experimentação.

✓ Para potencializar o aprendizado, quebre as "panelinhas".

Ao montar um grupo de *makers,* para buscar e testar alguma nova ideia, nada de colocar só as pessoas conhecidas, da mesma área e tempo de empresa. Amplie a diversidade colocando um médico, um engenheiro e um advogado, por exemplo, para pensarem juntos, um da geração X, um millennial e um da geração Z, bem como pessoas de diversos departamentos e assim por diante. A ideia é que quanto maiores as diferenças, maior o potencial de aprendizado individual de cada participante e de sair fora da caixa com ótimas soluções.

Aqui são direcionamentos que certamente você entenderá qual a melhor maneira de iniciar o conceito maker na sua organização, mas não tenha dúvida de que essa combinação de incentivar criatividade, colaboração e fazer juntos são ingredientes poderosos para a curva de aprendizagem de qualquer empresa. O segredo é entender a dose certa, com que área começar, qual objetivo e tamanho do piloto.

Use o microlearning para construir sua trilha de aprendizado

O *microlearning* é um modelo de aprendizado que explora desenvolver conteúdos, divididos em pequenas doses, partes de curta duração ("pílulas"). É um método já muito utilizado na educação corporativa, em especial quando se quer trabalhar conhecimentos sobre assuntos bem específicos, e que quebrando em partes o torna mais fácil de se entender. Esse é um conteúdo complexo que você o distribui em sequências de microsessões de aprendizagem, explorando uma linguagem simples e de fácil absorção. Esse modelo pode incorporar com facilidade as ferramentas multimídias tão comuns hoje em dia, como videoaulas de dois a cinco minutos, por exemplo, em plataforma EAD.

Para você ter um melhor entendimento, descrevo aqui as principais características encontradas no método microlearning:

- ✓ Duração de cada módulo de dois a cinco minutos.
- ✓ Cada módulo deve dar foco e oferecer a resposta para um único problema.
- ✓ Variedade: apresenta o conteúdo sob várias formas, dando dinamismo ao aprendizado, como tutoriais, podcasts, jogos, desafios e videoaulas.

Mas é preciso deixar claro que o microlearning não é um pedaço de um conteúdo longo, e sim um modelo de aprendizado independente, oferecendo uma experiência completa de conhecimento em imersões de curta duração.

Esse formato lhe proporciona uma grande autonomia e flexibilidade, pois você pode gerenciar melhor seu aprendizado, acessar o material e realizar as suas tarefas de acordo com o seu tempo disponível, tornando o processo de aprendizagem menos cansativo e mais prazeroso. A intenção não é reduzir os conteúdos, mas apresentá-los de forma prática e objetiva para que possam ser mais bem compreendidos e aplicados.

Em que situações o microlearning é uma boa opção

Oferecer informações específicas

Em situações que se quer informar novas regras e orientações para uma atividade específica, e que passado de uma vez só pode ser difícil de se absorver por completo, podem ser deslocadas de forma cadenciada, clara e sem uma grande demanda de tempo e custos. Pode-se dividir esse conteúdo de maneira pontual ou em séries, sendo cada um focado em um aspecto diferente do tema.

Um bom exemplo para você pensar no uso do microlearning seria esse contexto recente que passamos sobre a pandemia da Covid-19, em que era preciso fazer uma sensibilização, que seria um diferencial para mitigar maiores níveis de contaminação. A conscientização precisou ser reforçada continuamente e, conforme se tinha maiores informações sobre contágio e prevenção, mais era necessário acelerar o processo de disseminação de informação. Nesse contexto, o uso do microlearning para divulgar as orientações internas para a organização seria uma ótima opção.

Complementar o treinamento tradicional

O microlearning também pode ser utilizado como complemento de treinamentos corporativos tradicionais. A título de exemplo, se você quiser reforçar alguns conceitos ou instruções, é conveniente disponibilizar um material objetivo e prático após o treinamento presencial, para que os colaboradores possam assimilar melhor o conteúdo (pílulas de reforço), principalmente as partes mais relevantes para o negócio. E é possível disponibilizar vários formatos de conteúdo, sendo importante mesclar as opções de acordo com os objetivos da empresa e as características do público-alvo. Assim, a estratégia será mais eficiente e a empresa conseguirá os resultados esperados.

Por fim, dediquei este degrau para os modelos de aprendizagem, uma vez que o crescimento contínuo de conhecimento, aliado à cultura de experimentar, é uma grande porta de entrada para você desenvolver ainda mais seus pilares da liderança exponencial. Junto a isso, é um lugar onde você semeia essa cultura de informação constante, em que você terá um potencial desenvolvimento de times de excelência.

Você, acelerando sua curva exponencial

O essencial desse degrau

✓ **Aprendizagem alavanca seu poder de atingir resultados:** o conhecimento que você tem hoje não garante o controle da situação e o sucesso de amanhã. O que mais importa é sua capacidade de aprender mais sobre o que a sua organização e o mundo precisam, além de acelerar seu processo de criação e adaptação.

✓ **Elementos da aprendizagem ágil e moderna:** internalize em definitivo o novo modelo de aprendizagem e busque modernizar o seu jeito de aprender e de se organizar:

- Recursos digitais: facilitadores de aprendizagem.
- Jornada blended: mix do virtual com o presencial.
- Experimentação: tem que fazer parte da trilha de aprendizagem.
- Aprendizado: não é mais trilho (método único), e sim trilha (customizado para a pessoa).
- Evolução de papéis: você passa de aluno (recebe passivamente) para aprendiz (dita a forma e intensidade de seu aprendizado).
- Não é unilateral: não é mais só do professor para o aluno, vem de várias direções: pares, outros alunos, dados (data-driven), experimentação e muitas outras formas.

✓ **Conceito lifelong learning:** abrace essa concepção para sua vida, lembrando dos pilares:

- Aprenda a conhecer: eterno curioso, perguntador, leve em admitir que não sabe tudo. Sinta prazer em aprender.

- Aprenda a fazer: o que você aprender, busque praticar, experimentação na veia, aplique na prática, mão na massa. Dessa forma, você desenvolve a parte comportamental, percebendo o seu ritmo próprio e como melhorá-lo.
- Aprenda a conviver: um dos mais importantes pilares. Aceite como parte do aprendizado a convivência com os colegas que estão juntos com você nesta jornada. Isso inclui saber receber e internalizar feedbacks, aprender a lidar com impasse, conflitos e diversidade.
- Aprenda a ser: o eterno aprendiz e dono de seu aprendizado. Crie autonomia e automotivação diariamente.

Gatilhos para sua curva de crescimento exponencial

Como sempre falo, essa parte aqui é para te provocar. Que tal colocar em prática o que foi apresentado nesse degrau, montando um pequeno plano para seu aprendizado? Preencha o roteiro a seguir. Minha sugestão é que você comece fazendo um plano para aprender algo em específico que seja importante para o seu momento agora.

A título de exemplo, vamos supor que você quer aprender mais sobre análise de investimentos, para aumentar sua capacidade de administrar melhor o seu patrimônio. Como seria um plano de aprendizagem para isso? Mas fique à vontade para escolher outro tema.

Objetivo: tenha claro porque você quer aprender.

_____
_____
_____
_____

Saiba por que você quer aprender, entenda o seu propósito. Detalhe um pouco mais para você defini-lo como prioridade.

_____

_____

Descreva com clareza o que quer aprender. Aqui você precisa definir o quanto será intenso esse aprendizado (por exemplo, quero aprender investimento para apenas administrar os meus bens). Vale detalhar um pouco mais o escopo desse conhecimento.

_____

_____

Defina como aprenderá. Qual a melhor forma (online, presencial, consultor) de aprender que se adapte a você e ao seu tempo. Neste item, você pode escolher mais de um método e experimentá-lo.

_____

_____

Entenda qual a melhor tecnologia para você usar. Você pode utilizar a que mais se adapta a sua rotina para descobrir o que quer aprender, para encontrar as melhores técnicas e para ter acesso às melhores fontes.

_____

_____

Planeje seus passos. Quando começará, qual será a frequência e a expectativa de duração? Adote um indicador para medir o seu resultado durante e após essa aprendizagem.

_____

_____

PARTE III

Ação e velocidade exponencial

Chegamos na Parte III! Vamos consolidar um caminho de como colocar em prática esse novo mindset de agir como um líder exponencial, com base no conhecimento que vimos ao longo desses sete degraus.

A Parte III é composta de dois capítulos. No Capítulo 8, farei um resgate dos pontos principais sobre os quatro pilares da liderança exponencial, com foco na essência de cada pilar, que o ajudará a converter esse conhecimento em atitudes que você buscará incorporar com velocidade por meio de muita prática e experimentação. Falarei também sobre sua capacidade de adaptabilidade, que será o ponto de ignição para você acelerar sua curva exponencial de liderança. No Capítulo 9, fecharei o livro apresentando a você um modelo de um simples checklist com o objetivo de fazer um diagnóstico inicial de como hoje você está posicionado em cada um dos quatro pilares da liderança exponencial, o que muito o ajudará a montar sua estratégia para essa grande jornada rumo a essa liderança.

Vamos firmes nessa reta final rumo à liderança exponencial!

DEGRAU 8

A transição para a liderança exponencial

A adaptabilidade é sua plena capacidade em ler novos cenários e necessidades, transformando-os em oportunidades.

Não podia deixar de falar com você sobre como seria uma transição para esse modelo de liderança exponencial que descrevemos até aqui. Nada se consolida sem um processo de transição, e as quatro características que iniciei a abordagem desde o Degrau 1 serão trabalhadas naturalmente numa rampa de crescimento para desenvolvê-las. Algumas características dependerão da sua decisão de acelerar ou não, e outras provavelmente o mundo BANI se encarregará de te fazer ampliá-las de forma mais rápida e intensa. Abordarei neste degrau os pontos-chave para você comandar essa mudança exponencial em sua vida, com intensidade, consciência e principalmente sem renunciar à sua essência, que é a base para seu equilíbrio emocional.

Engrenando no modo exponencial

Com o objetivo de traçar uma referência de trilha para você seguir se desenvolvendo, destacarei por pilares quais fortalezas e atitudes que você, líder, deve buscar para seguir um sólido caminho de fortalecimento de sua liderança exponencial.

Sobre o pilar futurista

Como transformar cenários de incerteza em passos de antecipação para reduzir o imprevisto da surpresa? Neste ponto não estamos falando de uma simples extrapolação de futuro com alusão ao que aconteceu até o momento, pois previsões desse tipo se baseiam no comportamento das variáveis atuais e nas tendências existentes. Lembre-se do "N" e "I" do mundo BANI, não linear e incompreensível. A este respeito, o seu lado futurista deve levá-lo a previsões de novas possibilidades que você possa antecipar, que venham de algo disruptivo ou desconhecido.

Como um bom futurista, você precisa se adaptar e se sentir confortável e sempre desafiado a fazer poderosas perguntas e formular hipóteses mais audaciosas, colocando em prática, experimentando. A sua curiosidade sobre o futuro deve ser um comportamento constante, inclusive influenciando os demais do time nesse aspecto. É claro que o nível de informação sobre os acontecimentos relevantes, sobre o sistema onde está inserido o seu negócio, deve ser atualizado quase que em tempo real (DNA data-driven). Sempre deve haver fatos e dados recentes para retroalimentar a lógica confiável de suas hipóteses. Antever-se e ter boa capacidade de análise sistêmica são habilidades indiscutíveis para um caminho de sucesso ou decisões assertivas. Há um nome mais técnico para isso, a *prospectiva estratégica,* que é desenvolver um pla-

A TRANSIÇÃO PARA A LIDERANÇA EXPONENCIAL

nejamento e análise que te permite compreender de forma mais ampla e sistemática as mudanças em curso, além de se antecipar ao futuro de médio e longo prazo por meio de análise e insights, sem se basear em informações apenas históricas. O principal ponto aqui é que você não deve passivamente se adaptar ao futuro, mas deve proativamente criar e testar hipóteses de futuros possíveis, e quem sabe adiantá-los, como uma vantagem competitiva para você e seu negócio.

Sobre o pilar inovador

Primeiro passo é que se você é daqueles que ainda acha que inovar está restrito a inventar aqueles robôs que te dão bom dia e fazem algumas coisas para você, reprograme-se para pensar diferente. Ao invés disso, vamos falar do pensamento inovador, que muito antes de cogitar a tecnologia, tem o poder de gerar várias ideias, que podem abrir possibilidades de novas experimentações para melhorar um modelo de trabalho, um produto, um serviço ou uma necessidade de um grande grupo (conceito de MTP das empresas exponenciais). Assim, estar muito aberto a ideias e ter um bom filtro de experimentação é essencial. Há muito se trabalha o conceito de excelência e melhoria de um processo ou produto já existente, o que é muito válido, mas o foco do inovador é o pensar em novas alternativas. Mas você, líder inovador, não pode nunca perder a visão da necessidade do cliente. Essas alternativas sempre devem ser direcionadas pelas demandas do mercado.

Outras características que são de grande importância no avanço de seu modelo mental inovador, que colaboram para você conseguir prospectar com mais frequência e naturalidade novas oportunidades, parecem óbvias, mas importante destacar aqui:

✓ A proatividade sempre presente: o princípio seria que inovação não aparece ao acaso, ela deve ser pensada, intuída, estimulada por propósitos de evolução em algum tema. Sempre estará ligada a soluções criativas, sendo que antecipar hipóteses e executar experimentações deve ser algo muito presente no seu mindset de inovação.

✓ O poderoso "não sei": tenha certeza de que não é possível ser o dono de todo o conhecimento necessário para solucionar todos os problemas. Entretanto, você pode e deve ser um constante provedor de novos conhecimentos e questionamentos, que dessa forma estimulará o time a repensar e redefinir algo importante. E essa ignição pode começar em algumas situações com um corajoso e genuíno "não sei" para seu time, mas que será conduzido de uma maneira a provocar a busca e o consenso coletivo sobre a dúvida em questão, gerando insights de boas ideias inovadoras.

✓ Aceitar o erro como aprendizado e planejar novo experimento: uma inovação é uma ideia que nasceu e foi aperfeiçoada, e isso na maioria das vezes significa que houve várias tentativas até chegar à versão viável para se lançar no mercado. Essa paciência com a linha do tempo muitas empresas não estão dispostas a aceitar (falei sobre isso no Degrau 2, em relação às startups). Neste ambiente, não é fácil persistir, principalmente quando há valor financeiro envolvido inicialmente sem sucesso. Você terá que ter um habilidoso poder de convencimento e resiliência.

Sobre o pilar tecnológico

Esse pilar se aproxima do futurista, pois se tentarmos unir os dois (futurista + tecnológico) seria você, líder, que buscaria antecipar quais tecnologias emergentes ou ainda incipientes poderão impactar diretamente sua área de atuação e também outros setores correlacionados ao seu. Como já citei, a transformação digital veio para ficar e tem que passar a ser parte do ar que você naturalmente respira. Já vimos que a tecnologia está digitalizando processos e produtos antes físicos, e o líder tecnológico tem que mapear essas oportunidades na qual a tecnologia pode trazer mais produtividade, tornar-se um diferencial competitivo e melhorar a vida das pessoas e de seus clientes.

Um ponto que quero lembrar é que conhecer novas tecnologias não é apenas ler sobre elas, ver um folder digital bonito. Definitivamente não é isso, você deve experimentar, colocar rapidamente em prática a hipótese, "serve ou não serve", porque seu lado tecnológico só se desenvolverá se você experimentar intensamente, sentir de fato que aquilo o ajudará, não só obter contatos superficiais e inconclusivos.

É importante também considerar que a parte tática da tecnologia é fundamental, por exemplo, para testar com eficiência e buscar escalabilidade econômica viável. Só que os líderes exponenciais também terão que assumir implicações éticas, morais e sociais das tecnologias que introduzirem nos seus negócios. Novas leis estão surgindo para protegerem a exposição de dados pessoais, assim como as interpretações sobre vários pontos de vista e diferentes culturas só está começando e isso vem junto e misturado com o pacote de benefícios que você espera dessa nova tecnologia. Sem contar com a mudança cultural que você, líder, terá que enfrentar durante a implantação de algo diferente do *status quo*. A visão de benefício é muito relativa às vezes, pois o que talvez seja para você uma clara vantagem competitiva, pode ser o início de um grande revés para outras pessoas e sistemas afetados por essa nova tecnologia. Essa é a equação que você precisa estar técnica e emocionalmente preparado. Apostar no diferencial competitivo da modernização também requer enfrentar as implicações sociais e morais que surgirão de forma inevitável.

Sobre o pilar humanitário

O primeiro passo para fortalecer esse pilar é evoluir de forma contínua o seu autoconhecimento, pois conhecendo e aceitando prioritariamente as suas deficiências atuais e se programando para um processo contínuo de crescimento como pessoa (seu lado antifrágil), o ajudará a ter uma visão mais empática com sua equipe, valorizando e respeitando a diversidade de todos. Você deve passar a aceitar que, apesar de todo cenário tenso e caótico externo, o líder é o principal responsável de melhorar a qualidade de vida e bem-estar dos profissionais e que isso também tem uma relação direta com a produtividade. Acredito que um caminho que você pode seguir nessa missão de se humanizar mais como líder é buscar construir alguns elementos vitais no seu ambiente com sua equipe. Todos esses componentes já citei nos degraus anteriores, aqui é apenas uma consolidação:

- ✓ Incentive o desenvolvimento pessoal de cada colaborador: trate cada um como peça única que tem suas particularidades.

- ✓ Desperte o sentimento de pertencimento e coletividade: não tenha dúvida de que quando isso não está consolidado, não haverá uma base firme para um bom equilíbrio emocional de cada indivíduo e da equipe.

- ✓ Promova sempre o equilíbrio entre vida pessoal e profissional: tenha certeza de que não existem duas pessoas (pessoal e profissional), somos um só. Não há erro mais primário hoje em dia do que este, em especial quando consideramos a nova geração.

- ✓ Pratique a tríade: confiar, delegar e colaborar. Essa prática diária transforma qualquer ambiente.

- ✓ Integrações e cultura de feedback: o ato de falar sobre oportunidades, pontos fortes e aconselhamentos gera a integração entre o líder e o time.

Por fim, liderar como um humanitário é sempre estar pensando em conectar o seu negócio a impactos positivos para sua equipe, sociedade e meio ambiente. Isso pode significar investir em políticas e práticas humanas que ajudem a criar uma cultura positiva e um ambiente de trabalho significativo. Um local de trabalho que inspira funcionários e parceiros a se esforçarem para alcançar todo o seu potencial.

Adaptabilidade é fundamental

O general chinês Sun Tzu, no clássico *A Arte da Guerra*, escrito há milhares de anos, diz: "A água se move de acordo com a terra; um exército se movimenta conforme o inimigo."

A adaptabilidade está entre as habilidades mais impactantes no mundo BANI quando pensamos em todas as mudanças que ainda virão no mercado de trabalho atual e futuro. Essa competência seria sua plena capacidade em se adequar a novos cenários, circunstâncias e necessidades. Desenvolver essa aptidão é o primeiro passo para aceitar esse novo normal que te tira o tempo todo da zona de conforto, buscando a máxima conversão possível de problemas em oportunidades e minimizando prejuízos emocionais. É difícil conviver com a incerteza quanto ao futuro, no entanto, é certo que as mudanças virão. Ao passo que falamos que uma pessoa é adaptável no trabalho, isso tem relação com compreender a importância em se manter atualizada e aprender a lidar com novos métodos de trabalho ou exigências profissionais, sem ficar desconfortável com tais situações. Desse modo, ela se torna mais flexível, antifrágil e proativa e, em vez de reagir negativamente às mudanças, consegue antecipar situações e encontrar soluções rápidas e criativas, pois compreende que as adaptações podem trazer benefícios.

Falando sobre o quociente de adaptabilidade

O tema adaptabilidade se tornou tão vital que pesquisadores fizeram uma proposta do conceito chamado de QA, coeficiente de adaptabilidade, que de forma análoga ao QI (quociente de inteligência) e QE (quociente de inteligência emocional) mede o nível de adaptação do indivíduo frente a diferentes cenários, até mesmo os mais adversos. São consideradas um conjunto de habilidades que facilita que você se desapegue, deixando ideias obsoletas, e analise a situação com o olhar de oportunidade. O quociente de adaptabilidade foi identificado como o "futuro do trabalho" pela escritora Natalie Fratto (2018), tornando-se o indicador de sucesso a longo prazo. E na questão de novas contratações, o QA pode se tornar tão importante quanto o QI ou o QE. Esse novo tipo de inteligência tem tomado espaço nas entrevistas de emprego, já que contempla as skills mais requeridas para o mercado com tantas mudanças. O profissional que é considerado dentro desse quociente está preparado para as novas demandas mercadológicas e pode, inclusive, desenvolver-se mais se comparado a um funcionário com um QI alto, por exemplo. Assim, quais seriam as características marcantes para desenvolver o seu QA? Estas a seguir são algumas que já falamos aqui ao longo dos degraus:

- ✓ Flexibilidade: ter equilíbrio emocional para lidar com diferentes situações.
- ✓ Curiosidade: ser um eterno curioso. A novidade tem que te dar ânsia de saber mais em relações às novidades, como novas tecnologias e novos métodos de aprender.
- ✓ Coragem: capacidade que permite a superação do medo e enfrentamento das mudanças. Aqui é importante você entender o significado genuíno da palavra coragem, que vem da palavra francesa *courage* (*couer,* que significa coração), sendo então

uma característica que te permite o planejamento de uma ação com foco em enfrentar uma dificuldade. O que seria diferente de "bravura", com origem na palavra em espanhol *bravado* que significa um espontâneo e único ato de valor, não sendo então uma ação planejada, mas sim uma reação instantânea frente a uma crise. Em resumo, estamos vendo aqui o tempo todo que a mudança é contínua e se você não se preparar mentalmente para aumentar o seu coeficiente de adaptabilidade (QA), não haverá QI alto que compense. Você não precisa renunciar a seus valores, mas ao mesmo tempo tem que identificar como se alinhar às novas exigências do mercado.

Aumentando seu viés de inovação: a teoria U

Apresento nesta seção um conceito relativamente novo: a teoria U, desenvolvida pelo especialista de inovação e escritor Otto Scharmer, autor do livro *Teoria U: Como liderar pela percepção e realização do futuro emergente*. Ela tem sido usada cada vez mais pelas empresas que querem de fato inovar em projetos, buscando inclusive um planejamento estratégico. A sua proposta é contribuir com a implementação de mudanças e aumentar a cultura de solução de problemas e ideias disruptivas em organizações, podendo ser utilizada em qualquer esfera ou ambiente. Introduzo este tema pois é algo bem aplicável quando se quer provocar uma transição definitiva e deseja conduzir esses processos de mudanças sistêmicas em projetos, organizações, na vida pessoal ou na sua carreira.

A teoria tem esse nome por causa do próprio formato da letra U (veja na Figura 13 os passos da teoria que ajudam a entender as fases), havendo uma descida (lado esquerdo da curva), um ponto de inflexão (base da letra) e depois uma subida (lado direito da letra). É com essa simplicidade de se olhar os contornos da letra U que a teoria traz um modelo mental muito interessante para você, líder exponencial, encarar as soluções dos problemas e a inovação.

A teoria U sugere inicialmente um olhar para o seu interior, uma visão individual. Tem relação com o que citei há pouco sobre adaptabilidade, para você se libertar de paradigmas que te travam em criar modelos mentais de como pensar. Ou seja, uma reflexão profunda de autoconhecimento, buscando reconhecer os padrões que nos prendem ao passado e seus círculos viciosos.

Na sequência, se você descer a curva U, seguirá em busca de novas perspectivas à medida que desce pelo lado esquerda do U. Depois, você subirá pelo lado direito. Esse virtuoso trajeto fará com que você e seu time ampliem gradualmente um modelo com mais foco na observação, identificação de problemas e pensamento crítico para encontrar explicações inovadoras sob novas perspectivas para seu negócio ou projeto. Isto é, você dará um grande passo no seu pilar inovador.

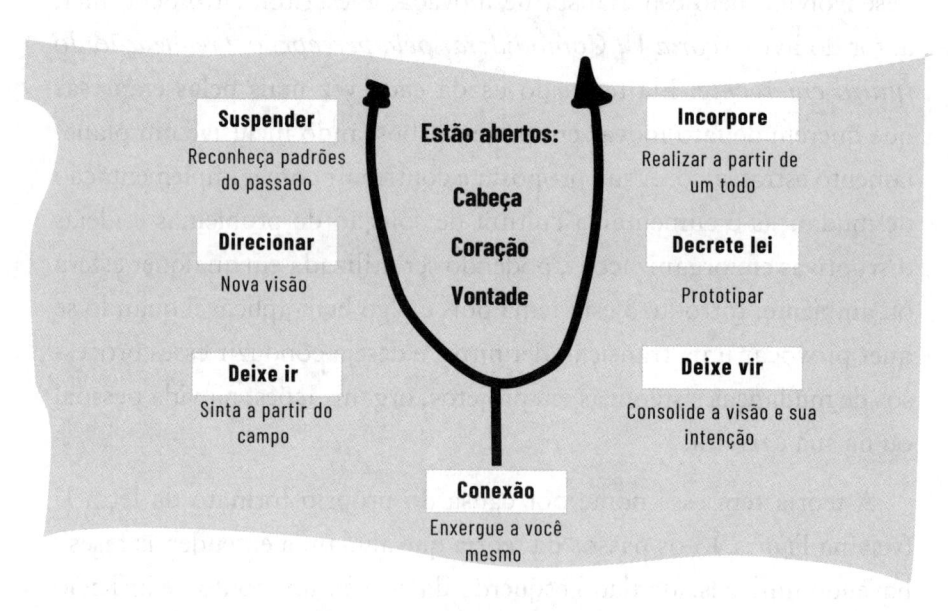

Figura 13: A teoria U de Otto Scharmer
Fonte: Criação do autor

A TRANSIÇÃO PARA A LIDERANÇA EXPONENCIAL

Ao detalhar mais essa fantástica teoria U de Otto Scharmer, explicarei o passo a passo dessa grande "jornada U". Conforme a figura anterior, essas etapas são:

- ✓ Suspender: está no topo esquerdo do U, no início da jornada, onde identificamos padrões do passado. É revisado como fazemos nossas ações antes de executá-las em nosso dia a dia. O que operamos sempre da mesma forma.

- ✓ Direcionar: buscar sair do quadrado convencional. Ao desenvolver um novo olhar, tentamos enxergar nossas tarefas, demandas e relacionamentos sob novas perspectivas. Amplie sua percepção sistêmica e deixe o velho morrer para o novo nascer.

- ✓ Sentir: não adianta pensar nas tarefas e não observar o meio como um todo, a forma pela qual as pessoas se relacionam, se conectam em multitarefas. O ambiente colaborativo da inovação, onde pessoas de diferentes perspectivas se unem para criar, deve ser priorizado.

- ✓ Conectar: refere-se ao ponto de inflexão do U, no qual após você identificar sua rotina passível de melhoria, sentir o ambiente a sua volta depois de suspender padrões e redirecionar a visão, é hora de você e o time se prepararem para fazer a subida do lado direito da curva. Esse momento de se conectar é a fase de maior reflexão e ligação com o futuro e suas oportunidades. Aqui novamente aparece a visão do aperfeiçoamento de seu autoconhecimento.

- ✓ Cristalizar: agora você começa a subir. Significa que com o que foi constatado no lado esquerdo da curva, agora passa a ter que criar um comprometimento de tornar realidade a nova percepção das fases anteriores e se envolver com a nova percepção. É o momento que você identifica o ponto-chave do problema e conecta as soluções para serem implantadas.

✓ Prototipar: essa palavra vem do grego *prótus*, que designa "primeiro", e *typo*, que significa "tipo". Dessa forma, prototipar é tirar suas ideias do papel para o mundo real. Será a primeira representação materializada da solução pensada para o problema. Com o protótipo, passa a ser mais simples entender o quanto ele atende ao cliente (mostre a ele!), colha feedbacks, tudo para incrementar uma nova versão. Sempre será mais fácil testar mudanças, partindo de um primeiro modelo.

✓ Mão na massa, coloque em prática: uma vez testada a nova ideia por meio do protótipo, é hora de colocar a mão na massa e desenvolver as novas práticas com a teoria U.

A teoria U pode ser um belo caminho para você engajar mais a sua equipe. Se você implementou um planejamento estratégico, por exemplo, e não houve o empenho que esperava, você precisa despertar essa necessidade neles, permitir que sua equipe transforme sua mentalidade por meio da vivência.

Transformação contínua: O profissional T-shaped

O que mais estamos falando ao longo dessa jornada é o quanto a transformação intensa dos cenários, nesse poderoso mundo BANI, tem mudado nossas vidas. É inevitável, então, que o perfil dos líderes vá se moldando no decorrer do tempo (e esse tempo literalmente está mais curto). Nesse contexto, surge o perfil profissional que chamamos de T-shaped.

O profissional T-shaped é aquele que tem uma base de conhecimento específico, mas que ao mesmo tempo tem um saber de outras disciplinas dentro ou fora de sua área específica. Por meio de sua carreira, após sua formação base específica (graduação, por exemplo), investiu-se em outras formações, de hard e soft skills, tornando seu perfil mais multifuncional. Essa expressão, traduzida do inglês "em formato de T", foi inicialmente difundida por Tim Brown, CEO de uma empresa de design nos Estados Unidos. Brown definiu esse profissional como alguém capaz de associar de forma efetiva o conhecimento teórico à prática.

A letra "T" explica esse perfil pois tem uma característica comum: duas linhas, uma na vertical e outra na horizontal que se conectam. Na linha horizontal estão os conhecimentos em várias áreas, mas sem tanta profundidade. Representa o conhecimento geral sobre diferentes assuntos, por exemplo, economia, tecnologia base, comportamento de mercado, e não precisa estar totalmente relacionado ao seu escopo específico de atuação. Já na linha vertical está o conhecimento específico de sua área base. Especializações, MBAs e pós-graduações costumam ser os responsáveis por essa verticalização.

O profissional T-shaped é, portanto, a junção das duas barras, formando um T. Esse profissional tem a oportunidade de construir e ampliar conhecimentos para diversas direções, por ter um conhecimento diverso sobre várias áreas, além disso, tem capacidade para aprofundá-los conforme a necessidade. Ele é um profissional preparado e multidisciplinar.

VOCÊ, UM LÍDER EXPONENCIAL!

CONHECIMENTOS ABRANGENTES

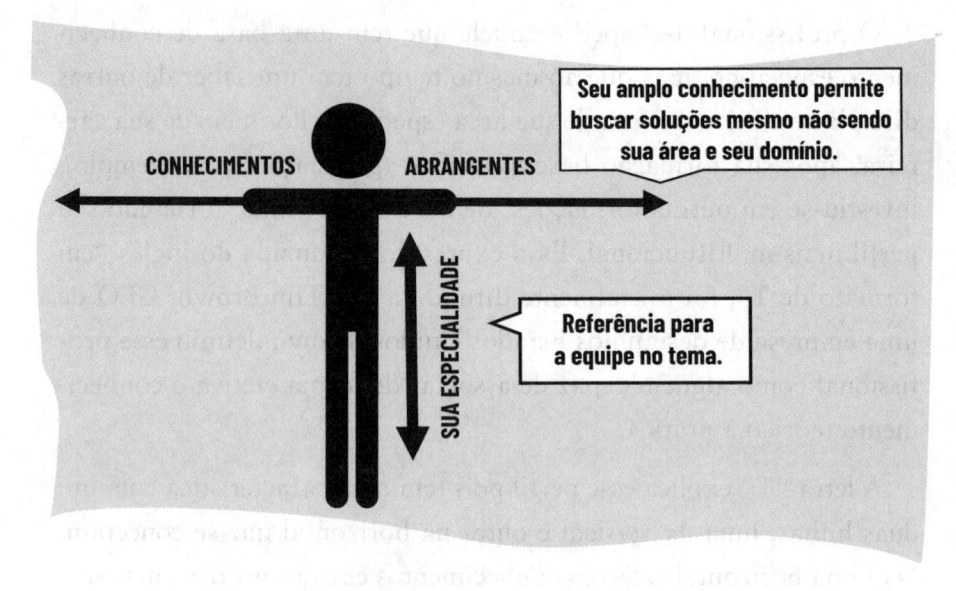

Seu amplo conhecimento permite buscar soluções mesmo não sendo sua área e seu domínio.

SUA ESPECIALIDADE

Referência para a equipe no tema.

Figura 14: O profissional T-shaped
Fonte: Criação do autor

E qual seria o desafio desse profissional? Basta olhar para a velocidade nas quais as carências do mercado de trabalho se aperfeiçoam. Esse ciclo de novas habilidades até um tempo era de mais de dez anos, hoje o ciclo talvez seja menos de dois anos, acelerado pelas intensas mudanças das tecnologias em praticamente todas as áreas do mercado de trabalho. Ou seja, muito do que falamos antes, como o lifelong learning e o desenvolvimento sistêmico e constante dos quatro pilares da liderança exponencial, conecta-se com o desenvolvimento do perfil T-shaped. Você não parará de aprender, porque as competências exigidas pelo mercado de trabalho atualmente não serão as mesmas daqui a alguns anos.

Não ache que você desenvolverá o perfil T em seis meses, por exemplo. Pela intensa mudança de cenários, será necessário ao menos de três a cinco anos para considerar que você tenha domínio pleno de uma área específica. Não que eu queira te desanimar, mas essa é a realidade atual, uma eterna transição de conhecimento.

O que na prática faz um profissional ser T-shaped?

Na prática, o profissional T-shaped tem como principais habilidades as características bem conhecidas que já discutimos aqui: comunicação eficiente, boa escuta ativa e ótima capacidade de análise.

A simplicidade e assertividade também são qualidades desenvolvidas com um potencial para resolver conflitos entre as equipes. O profissional T contribui para transformar a visão de liderança aos colaboradores em uma forma simples de entender. Já sobre sua capacidade de análise, como ele tem conhecimentos amplos e específicos, isso o ajuda a ampliar seu traço de visão sistêmica para decifrar cenários novos e conectar soluções onde mais ninguém vê, sendo capaz de trazer pioneirismo à empresa. Para resumir suas principais habilidades, elas seriam:

- ✓ Empatia deve ser sua soft skill mais desenvolvida, em especial na questão da escuta ativa.
- ✓ Flexibilidade e adaptabilidade.
- ✓ Foco constante em aperfeiçoar seu autoconhecimento.
- ✓ Objetivos profissionais bem traçados e definidos.
- ✓ Filosofia lifelong learning — incansável em aprender e nunca parar de estudar.

Por que empresas valorizam o perfil T-sharped?

Sua adaptabilidade, visão sistêmica (fruto de seu amplo conhecimento) e capacidade de análise de cenário são um dos principais atributos demandados no perfil de vagas atuais nas empresas. Um profissional T-shaped tem uma visão macro da área em que a empresa está inserida. Ele será capaz de adaptar (de novo, a tal da adaptabilidade) sua comunicação para lidar com qualquer colaborador, independente do setor ou da posição.

Além disso, por conhecer os processos de forma abrangente, o profissional T possui independência dos demais membros da equipe. Ele pode, inclusive, substituir outros funcionários e executar suas funções no caso de uma emergência. Ou seja, o profissional T-shaped entende que é preciso quebrar as fronteiras entre as disciplinas e aplicar uma abordagem multidisciplinar nas relações interpessoais e de trabalho. Por essa razão, acaba sendo um profissional singular, de perfil desejado.

Você, acelerando sua curva exponencial

O essencial desse degrau:

✓ Começamos reforçando os pilares do líder exponencial:

- **Futurista:** seja proativo em criar e testar hipóteses de futuros possíveis e, quem sabe, adiantá-lo como uma vantagem competitiva para você e seu negócio.
- **Inovador:** inovação não tem relação com tecnologia, e sim com quebrar paradigmas, criando um conceito, um modelo de trabalho, produto, serviço ou uma necessidade de um grande grupo. Resgate sempre o conceito de MTP das empresas exponenciais (reveja no Degrau 5).
- **Tecnológico:** é influenciado também pelos dois pilares anteriores, em que você buscará antecipar quais tecnologias emergentes ou ainda incipientes poderão impactar diretamente na sua área de atuação e em outros setores correlacionados ao seu

A TRANSIÇÃO PARA A LIDERANÇA EXPONENCIAL

para transformar isso em uma avenida de oportunidade e diferencial competitivo.

- **Humanitário:** autoconhecimento em constante crescimento, ajudando você cada vez mais a fortalecer seu lado antifrágil. Com isso, sua empatia com a equipe também evoluirá, permitindo valorizar e respeitar a diversidade de todos. Invista seu tempo para desenvolver pessoas. Trate cada um como peça única que tem suas particularidades.

✓ **Adaptabilidade:** a chave para um futuro melhor. Sem dúvida, é uma das habilidades mais impactantes no mundo BANI. Prepare-se continuamente para as mudanças que ainda virão no mercado de trabalho atual e futuro. A adaptabilidade é sua plena capacidade de ler esses novos cenários, circunstâncias e necessidades, tentando transformá-los em oportunidades.

✓ **O profissional do futuro que o mercado quer:** alta adaptabilidade, visão sistêmica (fruto de seu amplo conhecimento) com um potencial de análise diferencial, com controle emocional eficiente para não reduzir sua capacidade de tomada de decisão. Comunicação clara para lidar com qualquer colaborador, independente de posição.

Gatilhos para sua curva de crescimento exponencial

✓ Que tal construir seu perfil T?

Sempre te provocando, desenhe um esboço de seu perfil e veja se você está indo para o caminho do T-shaped. Serve de reflexão você entender o quanto precisa avançar na sua qualificação "horizontal".

- Na parte do especialista: coloque o conhecimento/formação que você entende que é a sua especialidade, seu principal campo de domínio.

- Na parte do generalista: são os conhecimentos que você não tem a mesma profundidade que com o tema em que é especialista, mas que permitem navegar com certo conforto, aumentando sua atuação de escopo e visão sistêmica.

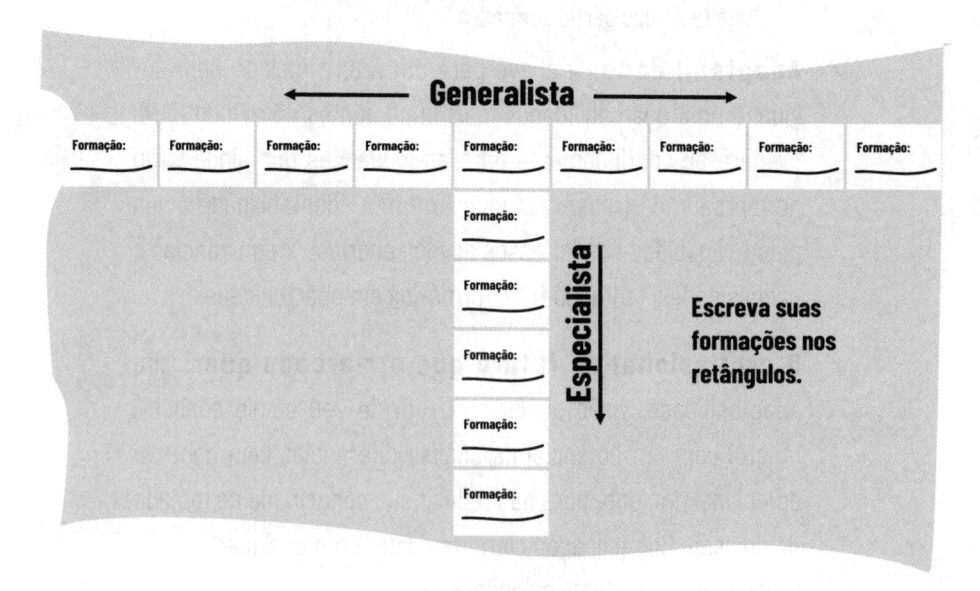

Figura 15: Sua curva T-shaped
Fonte: Criação do autor

Uma dica: se quer ter certeza se é especialista ou não em um tema, faça a seguinte pergunta: *Eu sou capaz de reunir um grupo e ministrar um treinamento de um dia inteiro?* Caso a resposta seja sim, essa pode ser sua especialidade.

DEGRAU 9

Raio-X final – uma avaliação e pílulas de reforço

Mesmo com todo avanço tecnológico, as pessoas serão sempre o elemento principal para qualquer mudança.

Chegamos ao degrau final desta jornada rumo à liderança exponencial. Falei com você aqui sobre todo esse desafio de lidar com esse mundo BANI, com cenários incertos e complexos. Essa é uma situação que exige novas competências e atitudes para que assim se consiga tomar a decisão certa para o momento enfrentado.

Assim, para resumir, o perfil de um líder exponencial em um parágrafo seria: aquele que consegue se adaptar de maneira rápida a diferentes situações, com inteligência emocional para lidar e dar suporte para as pessoas ao seu redor. Tem disciplina e empatia para envolver e desenvolver seu time. Utiliza a tecnologia a seu favor buscando-a como diferencial competitivo para seu negócio, sendo um grande incentivador do pensamento futurista e da inovação, e grande apoiador da experimentação como propulsora de novas ideias e modelos.

Que tal? Não disse que seria fácil. É uma longa jornada, mas que você pode desenvolvê-la de forma virtuosa. Se você avaliar com atenção o parágrafo, verá que é de fato uma síntese do perfil centrado nos quatro pilares do líder exponencial que tanto discutimos.

Que tal começar essa jornada na prática com uma miniavaliação?

Um ponto que tenho levantado aqui é a importância de você aumentar constantemente o seu autoconhecimento. Faço, então, neste degrau final um convite para você fazer uma breve reflexão, simples de responder na forma de um breve checklist com vinte perguntas, distribuídas a partir dos quatro pilares do líder exponencial. Cada grupo de perguntas traz a essência de cada pilar, que te ajudará a ter uma visão inicial de como estão suas crenças e hábitos a respeito dos principais itens que discutimos até aqui.

Isso não é um diagnóstico (longe disso), mas uma conversa com você mesmo, que pode ser uma base introdutória para você traçar um plano transformador para seu alinhamento ao rumo da liderança exponencial. São perguntas binárias (de sim ou não) montadas de forma que se você entender que já tem aquele comportamento desenvolvido, responderá "sim", se entender que tem lacunas, responderá "não". Desse modo, você terá condições de somar uma nota final de 0 a 10 (20 pontos, cada pergunta valendo 0,5 equivalente a cada "sim"), como também uma visão por pilar.

RAIO-X FINAL — UMA AVALIAÇÃO E PÍLULAS DE REFORÇO

PILARES	Avalie-se nos pilares do líder exponencial:	SIM	NÃO
Futurista	1- Você já consegue dominar o seu medo da incerteza do futuro?		
	2- Você pratica questionar pontos com seu time sobre estratégias futuras?		
	3- Você costuma formular e testar pequenas hipóteses para acelerar algumas respostas?		
	4- Você já incorporou o mindset data-driven, usa fatos e dados para suas decisões?		
	5- Você acredita que antecipar tendência do futuro pode alavancar sua carreira e seu negócio?		
Inovador	6- Você já inovou em algo nos últimos tempos (forma de fazer algo diferente)?		
	7- Você já incorporou o hábito de usar o erro para seu aprendizado?		
	8- Você consegue dizer um "não sei" com naturalidade para pessoas de sua equipe?		
	9- Você tem buscado ampliar seu network com o mundo da inovação (ex. startups, eventos)?		
	10- Você se sente preparado para enfrentar resistências culturais, ao implantar uma inovação?		
Tecnológico	11- Você hoje já usa tecnologias digitais no seu negócio (dashboards, monitoramento online)?		
	12- Você está conectado a canais que atualizam as novidades tecnológicas de sua área?		
	13- Você tem o hábito de explorar novas tecnologias que possam alavancar seu negócio?		
	14- Você hoje busca a capacitação necessária para usar novas tecnologias, para você e seu time?		
	15- Você tem investido na aprendizagem digital para você e seu time? (ex. blended learning)?		
Humanitário	16- Você já incorporou o hábito da escuta ativa (dar chance ao próximo de expor suas ideias)?		
	17- Você dissemina cultura de participação do time sem centralizar muito as informações e decisões?		
	18- Você se considera um líder que valoriza de fato o resultado dos outros (pense em fatos)?		
	19- Você tem o hábito de dar feedback para seu time e colegas com genuíno objetivo de todos melhorarem?		
	20- A mais difícil: Você se considera um líder/profissional que contribui para formar profissionais melhores?		
	Forme sua nota: Cada sim vale 0,5 ponto		

Tabela 2: Faça sua avaliação
Fonte: Criação do autor (Elementos do Office e imagens gratuitas no Canvas)

VOCÊ, UM LÍDER EXPONENCIAL!

Não existe uma fórmula mágica. Mas veja que as perguntas do checklist abordam na sua essência o que você já tem determinado de hábitos e atitudes que vão te levar a consolidar cada alicerce. Com isso, não vale tanto ter o conhecimento dos tópicos, e sim ter a atitude para ser aquele perfil. Não se preocupe com a nota final, mas sim em identificar as suas oportunidades por pilar, que pode ser o início para você montar um pequeno plano de compromisso com você mesmo e melhorar um pouco a cada dia.

Se eu fosse fazer um resumo de todo conteúdo, o que eu reforçaria?

Com a intenção de colaborar com você para evoluir em cima dos pontos que identificou no checklist de avaliação, farei aqui um resumo final que chamarei de "pílulas". Você, depois de terminar o conteúdo deste livro, pode "tomá-la" diariamente para reforçar suas atitudes para o caminho do líder exponencial.

Pílula 1: Cultura antifrágil na era do mundo BANI

✓ Diariamente se faça as perguntas: "O que vi de bom no ruim" e "Qual atitude posso mudar para amanhã?". Dessa maneira, você criará o hábito diário de se esforçar para aprender com os reveses e, com essa lição, mudar pelo menos uma atitude para melhor. Você precisa aceitar que a incerteza agora é o *modus operandi* natural do mundo. Utilize esse quadro para tentar usar sempre a criatividade com sua equipe para pensarem no maior número de soluções alternativas para determinado desafio, tentando enxergar um túnel iluminado de oportunidades e não um muro de dificuldades intransponível.

Pílula 2: Abrace as grandes tendências atuais para si

✓ Conheça mais e use como estratégia de negócio alguns temas como:

- ESG: cada vez terá mais impacto, e você precisa tê-lo como estratégia.
- Jornada digital: deve ser usada como facilitadora para maior interação entre pessoas e aumento de confiabilidade na tomada de decisões.
- Inclusão sem volta: abrace mais todo tipo de inclusão, pois desenvolverá sua empatia e você será um ser humano muito melhor.
- Experimentação: te fará enxergar que a incerteza sempre existirá, mas que ela pode se tornar oportunidade desde que testada e adaptada.

Pílula 3: Você e seu time devem se adaptar ao trabalho híbrido

✓ Desenvolva a visão de seu time, que a conexão está no trabalho, na missão, no propósito criado pelo líder e pela equipe, e não só no ambiente em si, no escritório. Invista tempo para entender a dificuldade de adaptação ao novo modelo de trabalho para cada colaborador. A família dele também te agradecerá.

💊 Pílula 4: Gestão colaborativa começa por um líder forte

✓ Um grupo forte e colaborativo está totalmente ligado ao perfil do líder. A escolha dos líderes que vão expandir os grupos na base de exemplo e atitude será fundamental para definir a velocidade da curva de trabalho colaborativo que queremos construir. Queira ser um desses líderes escolhidos. Seja um eterno facilitador para progredir pessoas, tendo a atenção para identificar e resolver as questões de relacionamento que podem desviar o bom andamento da construção de um ambiente colaborativo. O líder que quer criar uma gestão colaborativa é um eterno semeador de um bom ambiente.

💊 Pílula 5: Autoconhecimento é um ponto-chave

✓ Desenvolva seu autoconhecimento com pequenas atitudes:

- Descubra o tempo todo quais são seus limites, não para se frustrar, mas sim para amadurecer continuamente (mindset de crescimento).
- Seja leve, fale "não sei" com mais frequência, mas se engaje de forma genuína para criar uma cultura de aprendizagem coletiva no seu grupo.
- Faça as seguintes perguntas para si mesmo o tempo todo:
  - ➤ Como eu estou agindo com as pessoas?
  - ➤ Que imagem eu transmito para as pessoas?
  - ➤ Quais são meus pontos fortes e de melhoria?
  - ➤ Tenho alguma postura que preciso mudar, pois incomoda as pessoas?
  - ➤ Quais são os meus propósitos de vida pessoal e profissional?
  - ➤ Quais são os meus sonhos e o que me faz feliz?

Pílula 6: Sobre aprendizagem

✓ Pratique os seguintes conceitos sobre aprendizagem:

- Troque o trilho pela trilha de aprendizagem, na qual quem constrói é você.
- Seja um eterno lifelong learner e incentive o seu time também a ser.
- Lembre-se da pirâmide de aprendizagem: fazendo você aprende muito mais. Mão na massa te auxiliará também na forma de se relacionar com grupos.
- Divida o aprender entre coisas que você precisa e coisas que você tem prazer.
- Fora as fofocas, seja sempre o mais curioso de todos.
- Aprenda com as gerações diferentes da sua, pois cada uma tem sua sabedoria.

Pílula 7: Adaptabilidade e flexibilidade são fundamentais, você sabe a diferença?

✓ Adaptabilidade: refere-se a quanto você é capaz de se adaptar a uma nova necessidade e conseguir resistir em meios e condições adversas daquelas às quais foi acostumado a viver.

✓ Flexibilidade: pode se confundir um pouco com adaptabilidade, mas é possível dizer que é algo mais dinâmico do dia a dia, de, como líder, modificar as configurações de seu modo de atuar, de recursos disponíveis, para dar uma melhor direção aos objetivos.

✓ A sua capacidade de flexibilidade diária te ajudará a construir a sua adaptabilidade a médio e longo prazo.

💊 Pílula 8: Incorpore os conceitos de liderança servidora para fortalecer seu lado humanitário

✓ Dicas para praticar a liderança servidora:

- Dê autonomia para as pessoas e apoie como um treinador, se tiverem dificuldades na execução.
- Demonstre o seu interesse pelo crescimento do time, capacite, aprenda junto e compartilhe sempre ao máximo as informações.
- Pratique a cultura de segurança psicológica.
- Valorize ideias e opiniões. Você é um facilitador e não o dono da verdade.

Minhas considerações finais

Chegamos ao final e tenha certeza de que também aprendi muito nesta jornada ao compartilhar meu conhecimento com você. A cada livro, sinto uma grande renovação e um eterno lifelong learner. O intuito desse conteúdo é te provocar uma profunda reflexão sobre o quanto você quer embarcar nesta jornada da liderança exponencial, um gatilho para te ajudar a planejar essa transformação, porém a atitude de mudar sempre virá de dentro de você. Esse é um ponto bem importante: é você quem deve sentir a necessidade de mudança em sua vida. E apesar desse mundo BANI ser veloz, procure achar sua agilidade para cruzar essa jornada. A melhor recompensa sempre será o reconhecimento da melhoria gradual e contínua.

E as palavras "equilíbrio" e "adaptabilidade" são as que mais você deve lembrar após ter feito a reflexão com essa leitura. Busque a estabilidade dentro das competências que discutimos para os quatro pilares da liderança exponencial. Não se esqueça de colocar o aprimoramento dos indivíduos como pessoas e profissionais, em primeiro lugar. Independente do avanço tecnológico, elas serão sempre o elemento principal para qualquer transformação. Além disso, acrescente sempre os ingredientes de fé, coragem e empenho. O que você planeja, com análise e execução com foco e disciplina, será uma conquista perene.

Que você tenha uma magnífica jornada!

Carlos Coutinho

Referências bibliográficas

BROWN, T. *Design Thinking:* Uma metodologia poderosa para decretar o fim das velhas ideias. Rio de Janeiro: Editora Alta Books, 2020.

CAMPOS, V. F. *Gerenciamento da Rotina do Trabalho do Dia a Dia.* 8. ed. Nova Lima, Minas Gerais: Falconi Editora, 2004.

CAMPOS, V. F. *O Verdadeiro Poder.* 2. ed. Nova Lima, Minas Gerais: Falconi Editora, 2009.

COLLINS, J. *Good to Great:* Empresas feitas para vencer. Rio de janeiro: Editora Alta Books, 2018.

COUTINHO, C. *A Tríade da Competência.* 1. ed. Rio de janeiro: Editora Alta Books, 2020.

COUTINHO, C. *Resiliência Ágil.* 1. ed. Rio de Janeiro: Editora Alta Books, 2021.

DOERR, J. *Avalie o que Importa:* Como o Google, Bono Vox e a Fundação Gates sacudiram o mundo com os OKRs. Rio de janeiro: Editora Alta Books. 2019.

DWECK, C. S., Ph.D. *Mindset, a Nova Psicologia do Sucesso.* São Paulo: Editora Objetiva, 2016.

EDMONDSON, A. C. *A Organização sem Medo:* Criando segurança psicológica no local de trabalho para aprendizado, novação e crescimento. Vol. 1. Rio de janeiro: Editora Alta Books, 2020.

ERTEL, C.; SOLOMON, L. K. *Moments of Impact:* How to Design Strategic Conversations That Accelerate Change. New York: Editora Simon & Schuster, 2014.

FILHO, E. H. *Os OKRs e as Métricas Exponenciais:* E as métricas exponenciais a gestão ágil da estratégia na era digital. Rio de Janeiro: Editora Alta Books, 2021.

FRATTO, N. *Screw emotional intelligence:* Here's the key to the future of work. New York: Fast Company, 2018.

GLASSER, W. *A Teoria da Escolha, uma Nova Psicologia de Liberdade Pessoal.* 1. ed. São Paulo: Editora Mercuryo, 2001.

GOLDSMITH, M. *A Vida Merecida:* Esqueça o arrependimento, escolha a realização. Rio de Janeiro: Editora Alta Life, 2022.

GOLDSMITH, M. O *Efeito Gatilho.* São Paulo: Companhia Editora Nacional, 2017.

GOLEMAN, D. *Inteligência Emocional:* A teoria revolucionária que redefine o que é ser inteligente. Rio de Janeiro: Editora Objetiva, 1996.

GREENLEAF, R. K. *O Servo como Líder.* Editora Center of Applied Studies, 1973.

GROVE, A. S. *Gestão de Alta Performance:* Tudo o que um gestor precisa saber para gerenciar equipes e manter o foco em resultados. São Paulo: Editora Benvirá, 2020.

HUNTER, J. C. *O Monge e o Executivo:* Uma história sobre a essência da liderança. 21. ed. Rio de janeiro: Editora Sextante, 2004.

ISMAIL, S.; MALONE, M. S.; VAN GEEST, Y. *Organizações Exponenciais:* Por que elas são 10 vezes melhores, mais rápidas e mais baratas que a sua (e o que fazer a respeito). Rio de janeiro: Editora Alta Books, 2019.

PERIN, B. *A Revolução das Startups.* Rio de janeiro: Editora Alta Books, 2020.

SCHARMER, O. *O Essencial da Teoria U:* Princípios e aplicações fundamentais. Belo Horizonte: Editora Voo, 2020.

TALEB, N. N. *A Lógica do Cisne Negro:* O impacto do altamente improvável. Rio de Janeiro: Editora Objetiva, 2021.

TALEB, N. N. *Antifrágil:* Coisas que se beneficiam com o caos. Rio de Janeiro: Editora Objetiva, 2020.

TZU, S. *A Arte da Guerra.* São Paulo: Editora Nova Fronteira, 2022.

Índice

A

adaptabilidade, 161-162
agenda foco, 119
aprendizado contínuo, 108
aprendizagem
  convencional, 134
  digital, 135
  moderna, 134
Aristóteles, projeto, 71-74
autoconhecimento, 43, 48, 110, 115, 160, 164, 165, 169
autocracia, xix
  derretimento da, 36, 45

B

BANI, xvii, 3-18, 86, 108, 110
  adaptabilidade, 161-162
  definição, 4
  surgimento, 8
  x VUCA, 5
blended learning
  flexibilidade de horário, 144
  X ensino a distância, 143
bottom-up, objetivo, 97

burnout, síndrome, 117

C

capital humano, 124
comportamento antifrágil, 9
compromisso social, 83
comunicação distorcida, 38-40
comunicação transparente, 112
criatividade, 11, 68, 144, 145
cultura
  colaborativa, 89
  data-driven, 25
  de aprendizagem, 115
  do bem-estar, 30, 128
  maker, 144-147
curva de aprendizado, 48-49, 131-152
curva exponencial, 7, 44

D

diversidade, 20
  cultura da, 28
  lidar com a, 139
  respeitar a, 171

E

economia
  colaborativa, 80-85
  compartilhada, 85
  tradicional, 85
empatia, 62, 111
equilíbrio emocional, 104, 113
  e burnout, 117
escalabilidade, 23, 146, 159
escuta ativa, 62-63
ESG, 20-21
EXO, 78-102

F

feedback
  desenvolvimento contínuo da equipe, 63-64
  dos clientes, 85
  impactos da ausência de, 41
feedforward, 42
  como conduzir um, 42-43
  desenvolvimento contínuo da equipe, 63-64
flexibilidade, 162, 180
  de horário, 144
foco e disciplina, 109
foco no cliente/usuário, 85

G

gamificação, 52
generalista, 51, 172
gerações millennials e Z, 86
gestão colaborativa
  construção da, 88
  interna na organização, 85-91
gestão de rotina, 110

H

hands on, 143, 145
híbrido, 73, 86, 126, 142
home office, 58-59
hubs de inovação, 22
humanitário, 15, 37, 61

humildade, 110

I

inclusão, 28, 177
inteligência sistêmica, 26
internet das coisas (IoT), 27

J

jornada blended learning, 142
jornada digital, 133

K

key results, 94, 95, 97, 100

L

líder
  exponencial, 173
  futurista, 13-14, 156-157
  humanitário, 15-16, 160-161
  inovador, 14, 157-158
  servidor, 114-115
  tecnológico, 14-15, 158-159
liderança
  autocrática, 36
  comunicacional, 38
  exponencial, 12-18
  servidora, 113-116
lifelong learning, 104, 137
  pilares base do, 139

M

machine learning, 27
melhoria contínua, 49
mentoria, 50
meritocracia, 89
meta-aprendizagem, 135
microlearning, 147-148
millennials, 86, 88, 125
mindset, xv, xix, 34, 45, 62, 78, 82, 91, 103, 104, 134, 141, 145, 158, 178
movimento maker, 145
MTP, 80

M.V.P., 23-24

N
nexialista, xiii

O
OKR, 92
    e gestão participativa, 97
    metodologia, 91-102
    principais pontos, 100
onboarding, 50
organizações exponenciais, 76-80

P
planejar a rotina, 119
plataformas de compartilhamento de ideias, 83
profissionais do conhecimento, 58
prototipar, 166

Q
QA, 162
QE, 162
QI, 162

R
rede de influência, 84
resiliência, 112
resolução de problemas, 109

S
saúde mental, 117, 125, 126
soft skills, 6, 61
startups, 22
sustentabilidade, 79, 81, 82, 83, 146

T
teoria U, 163-166
top down, objetivo, 97
trabalho híbrido, 58-59
    riscos, 60
    vantagens potenciais, 59
transformação digital, xviii, 24, 45, 64, 142
triângulo das competências, 104-113
T-shaped, 166-170

U
Uber, 79

V
visão sistêmica, 108
VUCA, 3-4
    x BANI, 5

W
Wetransfer, 67

Z
Zoom, 65